いつか笑える日が来る

我、汝らを孤児とはせず

奥田知志

いのちのことば社

序文

青山学院大学名誉教授　関田寛雄

二〇一六年六月、神奈川県相模原市の津久井やまゆり園で一九人の重度障がい者が、当時二十六歳の元職員によって殺害された。その理由として、これら障がい者は生産性がないのみならず不幸をつくり出すことしかできないし、生きる意味のない命だからという、犯人の言葉が伝えられた。この恐るべき凶行は、命の価値をめぐる論争を引き起こすとともに、この犯人への非難と反感を集中させた。本書の著者は、この犯人に直接会いに行っている。この思い切った行動により直接当事者との出会いから始める、これが著者、奥田知志の方法なのである。

この犯人は、仕事に就けず、生活保護を受けており、自分を「役立たずの人間だ」と言った。そこで「役立たず」の障がい者を抹殺することで、自分の存在意義を証明しようとしたのではないか、と著者はその出会いの中から気づかされる。もちろん、殺人は決して許されない犯罪である。しかし、犯人をそこまで追いつめた現在の社会、「生産性」「効率性」を基準に人間を分断し差別し排除するというこの社会を問わなければ、第二、第三の殺人が起こる可能性があるのではないか、と著者は指摘する。

「自国第一主義」という国家化したエゴイズムが乱立し始めた今日、格差の広がりと排外主義の中で喪われていく人間の命をどのように守るのか。国家の政治の中枢は、もはや資本と打算にまみれて空転するばかりである。始めるならば地元から、ローカルの現場からでしかないのではないか。地元における当事者の一人ひとりと出会うなかで、小さな事実をつくっていくのである。小さくとも事実がものを言うのである。それは、著者が三十年余に及ぶ北九州という地でのホームレスの人々との取り組みを経ての見解である。本書はその事実の紛れもなき証言である。

市民と地方自治体との対決的関係の中で、人権と共生をめぐる厳しいやりとりを続けざるをえなかった著者は、苦悩しつつも、キリスト教会の牧師として、失われようとしている命とともに歩み続けた。その中で「その時」が訪れ、「その日」が来た。ホームレス自立支援センターの誕生である。そして、新しい歴史が始まった。地方自治体と市民との「呼びつ応えつ」の関わりの時代の開幕であった。これをキリスト教の用語で「摂理」という。

本書の前半は、傷を負い、病に苦しむ貧しい一人の人間との出会いと共生のストーリーである。深い絶望の淵の底で「もう放っといてくれ」「生きてちゃいけない私なのよ」と発せられた厚い言葉の壁に直面して、著者は言葉を失い、たじろぐばかりである。「解決」をもたらすことなどできるわけがない。ただ「同伴」するだけである。

「同伴」という事実の中で、言葉を超えた「言《ことば》」が生まれる。それは著者によれば、「神の言の受肉」という、永遠に人間と「同伴」されるキリストの言の類比である。そして、「人の生くるはパンのみに由《よ》るにあらず、神の口より出《い》づる凡《すべ》ての言に由る」（新約聖書・マタイの福音書四章四節、文語訳）が事実となるのである。そして、「いつか笑える日がきっと来る」のだ。

本書の後半は、「点」としての「笑える日」への営みが、「線」として展開する。それは、著者の牧する教会の「軒の教会」としての出発であり、さらに「抱樸館」の設立である。

「軒の教会」は、著者の教会設立の理念であるとともに、その構造でもある。「軒」に象徴される空間は、だれもが立ち寄れる場であり、出会う空間でもあった。高層建築のビルの街からは、雨宿りや暑熱をしのぐ空間が失われていった。ホームレス対策の名のもとにである。著者の牧する教会には、開かれた、だれもが立ち寄れる、なんとなく集まれる空間がある。それは、神と人との、そして人と人との出会いの場を意味している。その出会いこそが、人間が新しく変えられる機会であり、共に生きる人の生まれる機会となるのであり、教会はその「軒」として機能すべきであるというのが、著者の教会理念にほかならない。

「抱樸館」とは、「傷ついた人、行き場のない人、とても苦労してきた人がたどり着く場所」である。「抱樸」の「樸」とは、ゴツゴツした原木であり、それをあるがまま抱《いだ》くという意味である。棘《とげ》に傷つき、血を流しながらも抱き続けることであり、大切なことはともかく「受容」なのである。「自己責任論」の冷たい論理によって孤立させられて、深い絶望に沈み込んでいく魂に、「居場所」という共生の場を設ける営みである。

教会には、無縁のままで亡くなった人々の納骨堂がある。そこには、「わが父の家にはすみか多し」（ヨハネの福音書一四章二節、文語訳）と刻まれてあった。見る者の心を揺さぶる温かい配慮の具現である。

著者は、東日本大震災への救援活動を含めて全国の「助けてくれ」との叫びに応えて、動き続けている大切な存在である。

若き日の、貴重なドイツ留学の好機の直前に、ホームレス支援へと思いを断念に転じる契機となった筆者との出会いを、申し訳なく思いつつも、これもまた「摂理」と言うべきであろうか。

目次

序文　関田寛雄　3

I　いつか笑える日が来る

生きていれば、きっと笑える日が来る　12
もう一つの「ホームレス中学生」　26
竹さんの祈り　31
ねじれた心が解けるには　39
縁の切れ目——どまぐれる理由　44
引き受けます。だから……　48
「黙れ」——邪魔な人などいない　52

松ちゃん故郷に帰る――他者と自分　57
覚えていてほしかった――ひとりで死なない。死なせない　62
私の一番長い日――出会った責任　69
教授と呼ばれた男――苦難が生んだもの　77
生笑一座の挑戦――「助けて」と言えた日が、助かった日　82
あなたはわたし――「お互い貧乏人同士じゃねえか」　107
一喜一憂しない――スケールの問題　114
だれかに謝ってもらいたかった　120
アサガオは闇の中で咲く――クリスマスを迎えて　123
ラーメンの味――「おばあちゃんごめんね」　127
兄ちゃん、帰ろう――取り戻すべきことばとは　131
つながることは生きること――あの日の選択・下関駅放火事件　137

Ⅱ

軒のある風景

軒の教会物語――無縁の時代に生きる教会　156

そのまま抱く——抱樸とは何か　172
いや、あなただ——悪の外在化について　203
貧しい人は幸いだ——人間とは何か　228
神の前で神と共に、神なしに生きる——三・一一後を生きる信仰　240
「責任感のある父」ですませないために——私たちは神の家族　262
戸をたたく——北野孝友さん葬儀説教から　271

あとがき　282

I

いつか笑える日が来る

生きていれば、きっと笑える日が来る

私は学んだだろうか

二〇一一年三月十一日午後二時四十六分、東日本一帯を巨大地震が襲いました。その後に発生した大津波は、人々のいのちも生活も根こそぎ奪っていきました。さらに東京電力福島第一原子力発電所の事故は、人類史上経験したことがないような大惨事となり、故郷を奪われた人々は、今も避難生活を続けており、事故収束の目途は立っていません。

あれから八年、人が住むことが許されない「帰還困難区域」は、一見自然の楽園のように見受けられますが、すべてが目に見えない放射能によって汚染されています。神様が「はなはだ良い」（旧約聖書・創世記一章参照）とおっしゃった豊穣の大地や海を、私たちは取り返しのつかない状態にしてしまったのです。三・一一の出来事は「大きな自然災害」にとどまらず、戦後の経済至上主義が一部の民衆に強いた「犠牲の構造」を明示する出来事であったように思います。特に「フクシマ」と「オキナワ」は、戦後社会の「豊かさ」とは何であったのか、それは「だれにとっての豊かさ」であったのかを問います。

しかし、問題は、あのような空前絶後の経験をしたはずの私たちが、あれから八年、「多少なりとも悔い改めたのか」という問いに、胸を張って答えることができないでいるという現実です。「私は変わっただろうか」、教育者の林竹二は、「学ぶことは変わること」とのことばを残していますが、私は学んだろうか、変わったろうか。人間とは何か、富とは何か、幸せとは何か、社会とは何か、国家とは何か、科学技術とは何か。答えは容易には見つかりそうにありません。しかし、私たちは学ばなければなりません。

一方で、漆黒の闇がこの国を覆っていくような中で、私は確かに出会ったのでした。「光は闇の中に輝く」（新約聖書・ヨハネの福音書一章五節）。聖書のことばは真実でした。混乱の中で、私は必死に生きる人々と確かに出会ったのでした。そして、あの大津波でも消し去ることができなかった「いのちの光」を、また、それでもなおこの世界が神によって祝福された世界であり続けているという事実を、私は確かに見たのです。

あの日——二〇一一年三月十一日

あの日、二〇一一年三月十一日午後三時過ぎ、福岡市での用事をすませ、北九州の教会に帰ろうと高速道路を走っていました。その日の夜には、長男の卒業式に出席するために島根の愛真高校に向かう予定でした。午後三時過ぎ、妻の伴子《ともこ》から電話がありました。「すぐに車を停めて、テレビを見て」とのことでした。途中のサービスエリアに車を停め、休憩所に入ると、すでに大勢がテレビの画面を見つめていました。皆、黙りこくり、ときどき「ええええ」と呻《うめ》くような声がします。ヘリコプターから撮られた映像には、真っ黒な津波が一斉にすべてを呑み込んでいく様子が映し出されていました。「これは現実か」と自分の目を疑ったのですが、すべては現実でした。東北一体に巨大地震が起こり、それに伴う大津波が人々を襲っていたのでした。

翌日には、東京電力福島第一原子力発電所が爆発しました。政府が情報を公開しないいま避難命令を出したこともあり、放射能が流れた方向に逃げた多くの人々が被ばくすることになりました。「水蒸気爆発」「直ちに影響はない」などと事態を矮小化して伝えた政府。「パニックを避けるため」ということもあったのでしょう。しかし、真実を知ることができない国民は、判断することさえままならないなか逃げまどったのです。

実際には、福島第一原発の一号機は、翌十二日午前六時にメルトダウンしていましたが、その事実が公表されたのは二か月後のことでした。卒業式の前夜、長男に「日本は大変なことになった」と告げたことを覚えています。

地震直後から私は現地に電話をかけ続けていました。私が理事長をしている「NPO法人ホームレス支援全国ネットワーク」には、全国九〇のホームレス支援団体が加盟しており、そのうちの三団体が宮城県で活動していました。現地と連携して、どのような支援体制を組むかを模索し始めていたのです。翌朝、奇跡的に「NPO法人 ワンファミリー仙台」の立岡学理事長と連絡が取れました。第一声、「生きているか」との呼びかけに、「みな無事ですが、海岸沿いにいた野宿者はわかりません」とのことばが返ってきました。驚いたことに、彼は日ごろ培ったホームレス支援のノウハウを生かし、当日の夜からすでに支援活動を開始していたのでした。翌日の十二日からは、炊き出しを始める予定だと言います。ただ、このままだと手持ちの燃料も物資も底をつくので、何とかしてもらえないかとのことでした。

この声に応え、こちらも動き始めました。ホームレス支援全国ネットワーク、グリーンコープ生活協同組合、生活クラブ生協という三つの団体の協働が始まりました。第一陣の二名のスタッフが現地に向かったのは三月十八日のことでした。この動きは、その後「公益財団法人 共生地域創造財団」(https://from-east.org/)となり、現在も東北各地で二十数名のスタッフが復興支援事業に当たっています。私はその代表をしています。

また、同時期、北九州市長と相談して、遠隔地避難をされる方々の受け入れ態勢をつくることになりました。「絆プロジェクト北九州」と名づけられた官民協働の取り組みは、二年間続き、三〇〇世帯ほどを受け入れました。七割は福島県からの避難者だったと思います。行政が受け入れ相談の窓口と住宅の提供、市民に寄付(総計六〇〇〇万円が集まった)を呼びかけ、家財道具一式を市民が提供しました。就職支援は福岡県労働局(ハローワーク)が担当、日常生活に関する伴走型支援を「NPO法人 抱樸」が、地域の見守り支援を北九州市社会福祉協議会が担当しました。

偏った支援——蛤浜《はまぐりはま》にて

変化する現場の状況に合わせて臨機応変に支援を実施する。現在進行形で事態が動いている大規模災害の現場では、そのような活動にならざるをえません。となると、最も大切なのが、土台となる活動方針になります。私が現地での活動方針として明示したのは、「最も小さくされた人々に偏った支援を行う」でした。公益財団法人ですから、「偏った支援」を公言するには少々勇気が必要でしたが、あのような極限状況においては、もはや「平等」や「公平」を原則にすると、結果何もできないということになりかねません。「二〇〇名が避難する体育館に、おにぎりが一〇〇個届いたが、不公平になるので配れなかった」という話を耳にしたことがあります。

私たちが行ってきた伴走型支援は、「その人との出会い」を大切にし、「出会った責任を果たす」ということに重きを置いた支援です。その結果、「不公平」という批判を受けることになるかもしれません。けれども、「出会った一人をまずは大事にする」ことが大切なのです。一つの出会いが次の出会いへと広がっていく。「最も小さい者たちの一人にしたことは、わたしにしたのです」は、マタイの福音書二五章に登場するイエスのことばです。「最も小さい者たちの一人」との関係をイエスは問われました。一気に社会や世界、天下国家を論じるのではなく、最も小さい者たちの一人との出会いが、世界の救いの事柄、すなわち神様との関係を規定する、とイエスは言われます。キリスト者の倫理的行為の基本的なスタンスがそこに示されているように思います。

私自身が被災地に立ったのは三月末のことでした。発災から三週間、現地のホームレス支援団体を中心に精力的な活動が進められていました。二つの生協の協力も得て、「必要な物資を必要な分届ける」という仕組みもできあがりつつありました。

私が最初に訪れたのは石巻市でした。一帯は目を覆う惨状が広がっており、自衛隊員による捜索が続いていました。市内は大勢のボランティアの姿も見受けられましたが、私たちは、あの「方針」に従い、市内を離れ、牡鹿半島に点在する小さな漁村集落を目指すことにしました。

中でも最も小さかった集落が蛤浜《はまぐりはま》でした。もともと九軒しか家がなかった集落でしたが、津波で五軒が流され、二十数名の村民のうち、二人が亡くなっていました。自衛隊もボランティアもなかなか手が届いていない様子で、全壊した家屋は手つかずの状態、私たちは瓦礫を踏み分け、集落の奥の避難所へと向かいました。水道も電気もガスもない状態の避難所には、生き延びた集落の人々が肩を寄せ合って過ごしておられました。迎えてくれたのは区長で、長年漁師をしてこられた亀山さんご夫妻でした。九州からの物資が数日前から届くようになっていました。ご夫妻は、笑顔で私を迎えてくださいましたが、笑顔のうちに深い悲しみと戸惑いがあることは見て取れました。

亀山夫妻は、九州からの支援物資に助けられていると感謝を述べるとともに、その物資に添えられた一通の絵手紙を私に見せてくださいました。巻物のような手紙には、クリスマスローズの絵があしらわれ、墨字で「**生きていれば、きっと笑える時が来る**」と書かれていました。亀山夫妻は、震える手で手紙を見せながら、「私たちは、今回の津波ですべてを失いました。でも、今日はこのことばで生かされているんです」と語られました。ご夫妻の頬には涙が伝っていました。

極限状況において、なお人を生かし支えるものは何でしょうか。私は長くホームレス状態の人々の支援をしてきました。ですから、食べ物、家、服、そしてお金、仕事が必要であることはよくよく承知しています。それらが必要であるのは当然です。しかし、それだけでは人が生きることはできない。イエスは、「無くてならぬものは多くはない」（ルカの福音書一〇章四二節、口語訳）と語られました。さらに、「人はパンだけで生きるのではない」（マタイの福音書四章四節）とも。あのとき、蛤浜の人々を支えたもの、すなわち「もう一度生きよう」と人を立ち上がらせたものは何であったのか。それは「ことば」だったのです。自分のことを心配し、思っていてくれる人の「ことば」が、あの日、確かに浜の人々を生かしていました。

私たちは日ごろ、「あれもあったらいい。これも必要だ」と思い、生きています。しかし、笑えない日、苦しくて生きていること自体が困難な日に、私たちは「無くてならないものは何か」を考えざるをえないのです。確かに「ことば」では空腹は満たされません。しかし、たとえ食べ物があったとしても、「食べて生きようと思えるか」は別問題なのです。そんな日に、「食べてもう一度生きよう」と決意させるもの、それが他者の「ことば」なのでした。

草木は、水と太陽が育ててくれます。一方、人を生かすものは、「ことば」です。「初めにことばがあった」(ヨハネの福音書一章一節)。それは、「どんなことがあっても、わたしはあなたを愛している」という神様のことばが私たちの前に存在することを示します。そして、そのことばは肉体となり、私たちのうちに宿り(一四節、口語訳)、救い主イエス・キリストとなった。あの日の蛤浜で、私はそんな聖書のことばを思い浮かべていました。

ある日、亀山さんに「蛤浜」という名前について尋ねたことがありました。というのも、この村の海岸線は、コンクリートで固められた堤防で、そもそも「砂浜」がないのです。蛤は砂浜で採るものだと思い、亀山さんにこんな質問をしました。「ここで蛤は採れるのですか」と。亀山さんは「採れません」と平気で答えられました。「えええ。だったら、なんで蛤浜なんですか」とさらに尋ねると、微笑みながら亀山さんはこう答えられました。「昔、おじいさんたちが、『虫の好かん奴もいつかは一つに合わされる』という思いを込めて、『蛤浜』と名づけたそうです。」確かに「蛤」は「虫へん」に「合う」と書く。本当かどうかわかりませんが、その答えに私はなんだか感動したのです。「無縁社会」と言われて久しい現在の日本社会において、「蛤浜」は、希望とユーモアにあふれており、これからの復興のイメージを示しているように思えました。

「ありがたかったけど、重かった」――笑える牡蠣プロジェクト

私たちは、震災後、グリーンコープ生協との連携で九州から支援物資を被災地に届け続けていました。蛤浜の方々もそのことを本当に感謝してくださっていました。

数か月が経ったある日、私は蛤浜を訪ねていました。すると亀山さんから思いがけない一言を聞いたのです。「ここ数か月、ご支援をいただき、本当にありがたかったです。でも、もうお断りしようと思います」と亀山さんは申し訳なさそうにおっしゃったのです。「どうしてですか」と尋ねると、「支えてもらえるのは、ありがたいのです。でも、ずっともらいっぱなし。それは重かった。仕事もできない状況で、支援をお受けしても、何のお返しもできません。それがつらい」と亀山さん。私はハッとしました。ここ数か月で、「助ける側」と「助けられる側」が固定化していたのです。ホームレス支援の現場においてもそうなのですが、「助ける側」は常に「どうぞ」と言い、基本的に元気です。どこかに「良いことをしている」という意識があるのだと思います。でも、「助けられる側」は、当初は助けてもらって、「ありがたい」と思えますが、一方で常に「すいません」と言わ

ざるをえない。その日、私は「ありがたかったが、重かった」ということばの意味を噛みしめていました。

「少し時間を下さい」とお伝えし、いったん九州へ引き上げ、悩んだ末、ある提案を携えて、再び東北に向かいました。「助ける人」と「助けられる人」の固定化が問題であること。人は、だれかに助けられることに「自尊感情」、すなわち、「自分は大切な存在である」ということを認識します。しかし、それだけではダメで、「自己有用感」、つまり自分は必要とされているという認識をいかにして醸成するかが肝心なのです。「自尊感情と自己有用感」を同時に満たす仕組みが必要でした。

そこで考えたのが「相互多重型支援」という仕組みでした。少々仰々しいネーミングではありますが、中身は単純です。「助ける」「助けられる」を越えて相互性をもつこと、つまり、「助けられた人が助ける人になれる」ということです。さらに「助けた人が助けられる」ということです。

震災当初、「絆」ということばがあちこちで語られていました。しかし、どこか「余裕のある人がかわいそうな人を助ける」という一方通行の「絆」が主流だったように感じていました。「東北に元気を届けよう！」というスローガンは、その典型のように思えました。

そうではなく、絆は相互性、「お互い様」ということです。「家族の絆」と言うときも、必ずしも「助けられる場面」だけが想定されているわけではありません。「助けられたり、助けたり」が常に混在する、それが「家族の絆」です。その意味で、絆は「可変的」です。「変わり得る」のです。「助けられた人」が、やがて「時」が来て、「助ける人」になれる。「絆」とはそんなフェアな関係でなくてはならないと思うのです。

そこで、「共生地域創造財団」としては、とにかく漁師さんが仕事に就けるように牡蠣養殖に必要な部材を提供することとしました。蛤浜の主な産業は牡蠣養殖だったのです。生協の協力を得て、必要な部材を確保します。行政にも働きかけ、海岸のかさ上げ工事をお願いしました。地震によって、辺りの海岸線はひどいところで二メートルほど地盤沈下していました。

そして、翌年には、ほぼ震災前の規模の牡蠣養殖が再開しました。現在はフル稼働状態となっています。震災後、最初にできた牡蠣をいただきましたが、たいへんおいしかったことを思い出します。

しかし、これだけだと、やはり一方通行の支援に終わります。養殖された牡蠣を使って、就労が困難な若者やこれまで私が関わってきた路上の人々に仕事を提供することができないかと考え、それらの生きづらさを抱えた人々による「殻つき牡蠣の販売」を始めることにしました。漁師さんたちは支援を受けて牡蠣養殖の復興に努力し、その結果、若者たちに仕事を提供します。青年らは漁師から仕事をもらって助けられる一方で、牡蠣販売を応援することで復興の一助となります。漁師さんも、若者たちも、相互に「自尊感情」と「自己有用感」をもちつつ生きていく。さらに、このようにして生まれ、販売された牡蠣を購入し食べてくれる人がいます。まさにこの相互性を保持した牡蠣は「一粒で二度おいしい」ということになります。なぜならば、一粒の牡蠣に「復興支援と若者支援」という二つの意味が込められているからです。多重型とは、このことです。

当時、日本中の多くの人が自分も復興の役に立ちたいと考えていました。しかし、実際には、現地に行ってボランティアをすることはなかなかできません。そんななか、牡蠣を食べることで、「復興支援と若者支援」を同時にすることができるのです。当然、放射能の影響を心配する声もあります。これについても、生協の協力を得て検査をしてから、出荷する体制が整いました。これが「相互多重型支援」という仕組みです。

二〇一三年から始まった「相互多重型支援」において就労訓練を受けた若者は、これまでに三〇名を超えました。総出荷数は三〇〇〇箱。若者たちはその後、一般就職、障がい者就労作業所などで活躍しています。

この牡蠣は「笑える牡蠣」と命名しました。「生きてさえいれば、いつか笑える日が来る」ということばから始まったからです。筆舌に尽くしがたい苦難の中、しかし、それでも人は出会い、生きていくのです。そして、いつか笑える日が来る。いや、その日は来たのです。漁師さんも笑った。若者たちも笑った。そして、食べるあなたもきっと笑える、笑える牡蠣！　です。

笑える日は来た——イエスの祈りと宿題

イエスは言われました。「しかし、わたしはあなたのために、あなたの信仰がなくならないように祈りました。ですから、あなたは立ち直ったら、兄弟たちを力づけてやりなさい」（ルカの福音書二二章三二節）。

弟子のペテロは「絶対にあなた（イエス）から離れません。たとえ死んでも」と宣言しました。しかし直後、イエスが逮捕されたとき、彼は裏切り、逃げました。彼はただ泣くしかなかったと思います。イエスはそんなペテロのことをご存じでした。それで、直前にペテロに向かって、「あなたの信仰がなくならないように、あなたのために祈った」（過去形!!）とおっしゃったのです。大切なのは、弱いペテロのためにイエスがすでに祈っておられたということであり、同時に、そのように祈られたペテロが何をすべきかを明確に語られている点です。「あなたは立ち直ったら、兄弟たちを力づけてやりなさい」と。これは、ペテロのために祈ったイエスからの宿題です。すなわち、祈られた人こそが他者を力づけ、他者のために祈る人になれるという約束・希望です。この相互性こそが、復活の出来事であったのだと私は思います。

イエスとの間に結ばれた絆は、弱い私を愛し、裏切る私のために祈り、同時に、そんな私に、その後の新しい生き方、つまり他者のために生きる存在へと導きます。

イエス・キリストの恵みとは、そういう相互的なものですが、私たちは、ややもすれば、この「相互性」を見失ってしまいます。キリスト者やキリスト教会が、「恵みをいただくこと」「祈ってもらうこと」のみを甘受するならば、ペテロに対するイエスのことばは半分意味を失います。その結果、「ありがたいが、重い」信仰に陥り、元気がなくなるのです。私たちはすでに祈られています。だったら、その後どう生きるのか。応答のない信仰は、十字架の恵みから私たちを遠ざけてしまいます。祈りは行動を生むのです。

今年もそろそろ牡蠣の出荷が始まります。あのどん底を経験した人々が、今は笑いながら仕事をしておられる。その姿は、まさに「生きていれば、きっと笑える時が来る」のことばの成就を示しています。ことばは肉となり、私たちの内に宿ったのです。

人生に「笑えない日」は避けようもなく訪れます。ときには、神のみこころがわからなくなり、「神はどこにおられるのか」と私たちは嘆きます。厳しい「事実」です。しかし私は、この八年間、「あのことば」が成就するという「事実」も見てきました。苦難を生き抜いた人々が笑う。そんな日を神は備えてくださっています。しばらく私の東北通いは続きます。

もう一つの「ホームレス中学生」

北九州でホームレス支援の活動が始まって、今年で三十年になります。活動が始まってすぐのころ、中学生によるホームレス襲撃事件が起こりました。実は、この事件がその後の活動に大きな示唆を与えることとなりました。

小倉の町の片隅で生きていた谷本長生さん（仮名、当時六十二歳）はとても控えめな人でした。人通りの途絶えた夜中、寝場所へ帰り、町が起き出す前に歩き始める。そうした日々を過ごしておられました。そんな谷本さんを深夜に中学生が襲撃するという事件が頻発しました。投石から始まり、ビン、ついにはブロックを投げ込むなど、事態は徐々にエスカレートしていきました。

襲撃は、深夜一時、二時に起こります。怪我ではすまないような事態も心配されましたが、そもそも人目を忍んで、夜遅く、ねぐらに帰る谷本さんは、眠ることができなくなり、困り果てておられました。そして、私たちのところへ相談に来られたのでした。

「怪我ではすまない」と嘆く谷本さんは、「孫のような子どもたちからやられることは、何よりもつらい」とも言っておられました。プライドを傷つけられていたのだと思います。近くに中学校があり、ともかくそこを訪ねました。校長先生が対応してくださったのは良かったのですが、「今から全校生徒の写真を見せますから、だれが犯人か言ってくださ い」が第一声でした。驚いた私は、「襲撃をしているのは一部の学生ですが、ホームレス者に対する偏見や差別意識をもつ生徒、あるいは、ホームレスを『町のゴミ』と考えている生徒は少なくないと思います。学校全体での取り組みが必要だと思います」と食い下がります。その後も学校側は「まず処分」と譲りません。学校の対応に対していきり立つ私に、谷本さんがこうおっしゃったのです。

「一日も早く襲撃がなくなるようにお願いしたいと思います。でも考えてみたら、夜中の一時や二時に町をうろうろしている中学生たちは、『家』があっても、『帰るところ』がないんじゃないか。『親』はいても、『心配してくれる人』がいないんじゃないか。私はホームレスだから、その気持ちがわかるけどなあ。」

私にとってまったく意外なことばでした。

数年前、『ホームレス中学生』という小説が話題になりました。タレントの方が実際に中学生時代に野宿生活をしたことを題材にした本でした。谷本さんを襲った中学生は野宿をしていたわけではありません。家もあり、家族もいる中学生です。でも、彼らは「もう一つのホームレス中学生」だったと思います。「帰るところ」がない、「だれからも心配されていない」、谷本さんは「それがホームレスだ」と指摘されたのでした。「家（ハウス）の問題」と「帰るところ（ホーム）の問題」は違うと教えてくださったのです。

以来、私たちは「ハウスレス」と「ホームレス」を使い分けるようになりました。「ハウスレス」を実際に住む家がない状態、さらに、家に象徴される経済的物理的な必要が満たされない状態としました。一方で、「ホームレス」は、いざというときに帰る場所がない、心配してくれる人がいない状態、すなわち「無縁」や「孤立」の問題だとしました。谷本さんを襲った中学生は「ハウスレス」ではありませんでしたが、「ホームレス」だったのです。

路上では「畳の上で死にたい」とおっしゃる方が、自立してアパートに入られる。「もうこれで安心」と言われるかと思いきや、「俺の最期は、だれが看取ってくれるだろうか」と言いだされる。そこには、「ハウス」の獲得はできても、「ホーム」がないという現実がありました。「自立が孤立に終わる」のでは、何の意味もありません。

あれから三十年が過ぎ、「ホームレス」は、路上の問題ではなく、社会そのものの問題となりました。この間、ホームレス者の自立支援の法律も整備され、各地での取り組みも進んだことで、路上にいる人の数は大幅に減りました。一方、社会の無縁化は、さらに進んだと思います。家で暮らしていても、孤立している人は増えており、貧困の拡大は社会参加をさらに狭めています。無縁社会と言われて久しい今日、どれだけの「ホームレス中学生」、いや、「ホームレスお父さん」「ホームレスお母さん」「ホームレス老人」「ホームレス子ども」が存在しているでしょうか。

当時中学生だった人は、現在すでに四十代になっています。最近その世代を含めた若い世代がホームレスとなり、路上で出会います。本来、親や家族のいる彼らが路上で過ごしています。そこには経済的問題のみならず、関係性の問題が深く横たわっているようです。谷本さんから教えてもらった「ハウスレス」と「ホームレス」という二つの観点は、その後の困窮者支援の基本的視点となりました。

キリスト教が説く「神の救い」は、もっぱら罪の贖いと苦難からの解放、あるいは癒しということであったと思います。それらが重要であることは言うまでもありません。一方でマタイの福音書がイエスの誕生において次のようなことばで「救い主」の誕生を言い表していることは、今日の無縁化した社会においては、さらに重要ではないかと思っています。つまり、「『マリアは男の子を産みます。その名をイエスとつけなさい。この方がご自分の民をその罪からお救いになるのです。』このすべての出来事は、主が預言者を通して語られたことが成就するためであった。『見よ、処女が身ごもっている。そして男の子を産む。その名はインマヌエルと呼ばれる。』それは、訳すと『神が私たちとともにおられる』という意味である」（マタイの福音書一章二一～二三節）。「ともにいること」が救いの本質であると聖書は語ります。

罪や苦難の「問題」を解消するという「問題解決型の救済」も、もちろん大切です。一方、問題がすっきり解決しない現実に私たちはたじろぎます。それを「不信仰」などと言われると一層つらくなります。そうではなく、「どんなときにも神は共にいてくださる」という「関係における救済」を、私たちはもっと重視しなければならないように思います。解決しなくても、私たちは救われている事実を、孤立の時代を生きる教会は声高く伝えなければならないと思います。

竹さんの祈り

竹さん（仮名）に家族はいません。彼は原爆孤児として戦後を生き抜いてこられました。竹さんと出会ったのは、二〇〇三年ごろだったと思います。北九州市黒崎地区は、小倉に次ぐ都市で、その分ホームレス者も多く暮らす街でした。駅前の歩道橋の下あたりに数名のホームレス者が共同生活しておられ、炊き出し時はもちろん、日中に近くを通りかかると、顔を出すようにしていました。都会の隙間のような空間に、「村」のようなコミュニティーができていました。時折警察官が巡回に来る以外、だれも近づきません。全盛期に比べると寂しくなった黒崎駅ですが、それでも一日の乗降客数が二万人（当時）近くいました。その駅前であるにもかかわらず、彼らの存在は無視されていました。「気づいていない」のではない、「無視されていた」のです。

ある日、その「村」の村民から連絡が入りました。「奥田さん、新しい人が来たよ」とのことでした。後日、訪ねると、そこにいたのが竹さんでした。落ち着いた感じの方で、だいぶやつれておられましたが、ダンディな顔つきの竹さんは、受け答えも実に丁寧な方でした。何よりも目が優しかったのが印象的でした。

バブル崩壊まで福岡市で不動産会社の部長をしておられました。家族がいない分、正月には自宅のマンションに部下を集めて過ごすのが楽しみだったそうです。けれども、その後、会社は倒産。竹さんの転落が始まります。「まさか自分が」と何度も自分を疑いました。「こんなはずはない」と現実を受け入れることができないまま、時が過ぎていきました。そして、気づけば、路上で暮らす自分がそこにいました。まるで他人の映像を見ているように実感がないまま数日を過ごしたそうですが、すぐさま野宿の厳しさが竹さんを現実に引き戻しました。

「もうだめだ。このままでは死ぬ」と思い、「あきらめるしかない」と考え始めたその時、知り合いのホームレスから噂を聞きました。北九州にホームレスの自立を支援する団体があり、施設を作ったらしい、と。北九州市までは六〇キロ近くあります。お金もなく移動手段もありません。しかし、「行くしかない」と決心し、歩き始められました。飲まず食わずで数日歩き、着いたのが黒崎でした。目的の小倉はまだ先ですが、そこまでが限界でした。疲れ切った竹さんを助けたのが、駅前の「村民」だったのです。

そのころ、私たちは長年続いた行政交渉に行き詰まり、「自立支援住宅」というアパートを借り上げた「施設のような住宅」を自前で立ち上げていました。行政に対して「ホームレスのためのシェルター建設」を求めてきましたが、話し合いは常に決裂していました。

しかし大切なのは「ホームレスが助かること」であって、それを行政がやろうが、通行人がやろうが、ＮＰＯがやろうが、当事者にとっては「どうでもいい」ことです。ならば、行政任せにせず、自分たちでやろうということになりました。半年の入居期間の中で自立支援プログラムが実施され、九割以上の方々が自立されました。その後の地域での生活継続率も九割を超え、「驚異の実績」とテレビや新聞に取り上げられました。それが「噂」となって、竹さんに届いたのです。

竹さんに「野宿になって何が一番つらかったですか」と尋ねてみました。「空腹はたまりませんでした。どこに行けば食料が手に入るかもわかりません。そもそも捨てられた物を食べるのは勇気が要ります。外で寝ることもきつかった。寒いだけではありません。怖かったです。家の中とは違い、無防備な状態で寝るので、あまり寝られませんでした」と竹さんは答えられました。六十歳過ぎの身体にとって野宿は、どれほど厳しいことだったでしょうか。けれども、竹さんはさらにこう続けられました。

「それ以上にしんどかったのは、自分の存在が世の中から消えて無くなったように感じたことでした。普通に暮らしていたころ、道を歩いていると、見知らぬ人でも挨拶をしてくれました。子どもを連れたお母さんが笑顔で会釈してくれた。しかし、野宿になり、道ばたに座った途端、だれひとり私に語りかける人はいませんでした。毎日、毎日、何人もの人が私の前を通り過ぎて行きましたが、だれ一人気づいていない様子でした。自分は、本当にこの世に存在しているのか。それがわからなくなりました。空腹よりも、野宿よりも、孤独が一番つらかった。」

私たちは、野宿状態に置かれた人々が抱える困難を、「経済的困窮」と「社会的孤立」という二つの面でとらえてきました。路上で「畳の上で死にたい」と言っていた方が、アパート入居後、「俺の最期はだれが看取ってくれるだろうか」と言われます。自立と孤立が別ものであること、あるいは真の自立は経済的困窮からの解放のみならず、孤立からの解放でなければならないことを知りました。竹さんが言った、「孤独が一番つらかった」ということばは、その後の日本社会が孤立化することを予言していたように思います。

竹さんは、実は野宿になった日、すでに「死んでいた」のかもしれません。それは「社会的死」と言うべきものです。なぜならば、社会とは「関わり」そのものであるからです。そこから排除されることは「社会的に抹殺されること」を意味します。人は忘れられたときに「死ぬ」のです。「社会的死」と言うべき状態が、ホームレス（社会的孤立）状態だと言えます。野宿者は二度死ぬ。社会的死と肉体的死です。

社会の中で死ぬことができれば、たとえ人が肉体的死を迎えたとしても、「社会的死」は免れます。覚え続けられるかぎり、「社会的死」は来ません。人は私たち（社会）の中で生き続けます。そして、何十年の年月の中で徐々に忘れられ、最後に「社会的死」を迎えます。歳月の流れの中で、その人を知る人がいずれいなくなるからです。よほどの「偉人」か「悪人」でないかぎり、人々の記憶にとどまり続けることはありません。

しかし、ホームレスの場合は、「社会的死」が先行して起こります。社会的死が強要された後、それこそだれに知られることもなく、「肉体的死」を迎えます。「忘れられた」という深い絶望が、人を「肉体的死」へと向かわせることさえあるのです。これは「不自然な死」と言わざるをえません。別れ際に竹さんは私にこんなことを言いだされました。

「私、寝る前にお祈りするんですよ。」

私は牧師です。「祈り」ということばが心に留まりました。少々期待を込めて、「竹さん、ひょっとしてクリスチャンですか」と尋ねました。竹さんは首を横に振りました。「こんな状態になったので、もう神も仏も期待していません」と竹さんは言われます。ならば、彼は何を祈っているのでしょうか。その答えに私は絶句しました。

「毎晩寝る前に、『もう目が覚めませんように』って祈るんですよ。そして、朝、目が覚めると、『ああ、今日も生きてしまった』と思うんです。」

彼は、「このまま死んだほうが幸せだ」と毎晩祈っていたのです。まさに、ホームレス

（孤立）状態が「肉体的死」を求めることになっていたのです。ひもじさ、寒さ、不潔、恐怖、公衆の面前での排泄。これらは人から尊厳を奪い去ります。さらに忘却と孤立が追い討ちをかけ、「このまま死ねますように」との祈りへと人を誘うのです。野宿状態とは、そのような現実を生きることを意味していました。

この状態にまで追いつめられた人が今一度立ち上がるには、どうすればよいのか。食べ物や住まい、仕事とお金が必要であることは言うまでもありません。しかし、それだけでは足りません。人が再び生きようと思えるには、出会いが必要なのです。「あなたに死んでほしくない。あなたに生きてほしい」と言ってくれる人、そんな「なかま」との出会いが必要なのです。その後、竹さんは自立支援住宅（ＮＰＯが運営する施設）に入る決心をされました。その後、竹さんのあの祈りはやみました。

半年後、竹さんは地域での生活を始められました。そのころから「違う祈り」をささげ始められました。そのころには、すでに野宿から脱した人は一〇〇人を超えようとしていました。助けられた人が助ける人になれる仕組みが必要な時期になっていました。支援する側とされる側が固定化されるのではなく、「お互い様」で支え合う「互助会」を創ることにしました。そんななか、竹さんは自ら動き、自立した人々のための「互助会」を立ち上げたのです。

竹さんの祈りは、「なかまのための祈り」へと変えられていきました。会は「なかまの会」と命名されました。初代会長に選ばれたのが竹さんでした。彼は、就任に際して次のように挨拶をされました。

「NPOの皆さんのおかげで私たちは、再び家を手に入れ、食べることもできるようになりました。これは本当にありがたいことでした。しかし、どうもそれだけでは足りない。何が足りないのか。それは『なかま』だと思います。この会は、生きていくために『なかまになろう』という会です。この会の目指すものは『あいそうたい！』。『あい』は、愛し合うこと。『そう』は、創りだすこと。そして『たい』は、体を大切にいつまでも元気で、という意味です。なかまの会は『愛創体』でやっていこうと思います。」

竹さんの祈りは、「なかま」のことを祈る祈りへと変えられたのです。「社会的死」から復活した竹さんのあの日の笑顔が忘れられません。

イエスは言われました。

「人はパンだけで生きるのではなく、神の口から出る一つ一つのことばで生きる」（マタイの福音書四章四節）。

パンが必要であることは言うまでもありません。しかし、パンがあるから生きていけるというものでもないのです。「あなたを見ている。あなたに気づいている。あなたのことを愛している。あなたに生きていてほしい。あなたのことを祈っている。」そんなことばがなければ人は生きていけないのです。神のことばとは、そのような人間の本質的必然を満たすものです。

　野宿状態というのは、パンもことばもない状態です。この二つの人間的必然をいかに取り戻すことができるか。それが、経済的困窮と社会的孤立の進む現在の社会における課題であり、また、教会の宣教的課題なのだと私は思います。

「互助会・なかまの会」発足から十七年になります。会員は三〇〇名に達しようとしています。

ねじれた心が解けるには

春田次郎さん（仮名、当時七十歳）は二年間の野宿生活を終え、自立支援住宅に入られました。自立支援住宅は、二〇〇一年ＮＰＯが開設した施設で、春田さんは半年間、自立のためのプログラムに参加します。その間複数のボランティアが担当者として伴走します。半年後、住居設定を行い、地域の暮らしに移行します。当時は、公的な支援は何もなく、私たち民間団体が創意工夫しながら施設の運営をしていました。

春田さんは、入居後、まじめにプログラムに取り組んでおられました。半年が無事に過ぎようとしていたある日、私は春田さんを訪ねました。「おめでとうございます。よくがんばられました！　いよいよ出発ですね」と声をかけると、春田さんは意外なことを語り始められました。

「最初に謝らないといけません。実は、私は最近まであなたたちのことを信用していなかったのです。というのは、長い野宿生活で心がねじれていたからだと思います。周囲から変な目で見られる。子どもから石を投げられる。子どもがそんなふうになるのは、親が私たちのことを悪く言っているからだと思います。世界中の人が私のことを『ゴミ』のように思っている、と。通りがかりの人がときどき何かを下さることがありました。本当にありがたかった。でもね、慣れてくると、だんだん心がねじれていきます。『うまく言って、明日も持って来させよう』と思い始めました。情けないことですが、これが現実です。

　ある日、あまりのひもじさに悪いことだと知りながら、食べ物を盗《と》ろうと店に行ったことがありました。入った途端、若い店員から『ホームレスは出て行け！』と言われ、すぐに店を飛び出しました。我に返り、自分のやろうとしたことに愕然としましたが、『ホームレスは出て行け！』と言われたこともショックでした。そんな日々の中、心がどんどんねじれていきました。

　自立支援住宅の入居が決まったとき、二割は嬉しかったけれど、八割は不安でした。『信じられない』というのが実感でした。『お金は要りません』と聞いていましたが、本当だろうか。何か絶対『裏』があるに違いない、いつか『お金を出せ』と言いだすに違いないと、最近まで疑っていました。ねじれた心では信じることができないのです。

　しかし驚きました。気がつけば、もう卒業、何も起こりませんでした。ボランティアの日下部さんが毎週訪ねて来てくれました。片道一時間もかけて。半年間です。できることじゃありません。本当はもうあきらめていたんです。このまま路上で死ぬだろうな、と。支援住宅に入れたときも、『これで、ともかくは畳の上で死ねる』というのが関の山でした。でも、そんなねじれた心も変えられた。自分でも不思議ですが、もう一度生きてみよう、信じてみようと、今日は思えるのです。」

家を整えることは、お金があれば何とかなります。しかし、ねじれた心が解かれるにはどうすればよいのでしょうか。蔑まれた経験、なりふりかまわず生きたこと、社会や人に対する不信、傷つけられたプライド、自分に対する失望。それらをひとりで背負い込まざるをえない日、人の心はねじれていきます。春田さんのねじれた心を解いたもの、それは毎週彼を訪ねた人がいたということでした。「ねじれた心を解く」、一見難しいことのように思えますが、あきらめるにはまだ早い。出会いの積み重ねこそが、人との絆こそが、ねじれを解きほぐすのです。出会いがなくなったとき、心はねじれていきます。そして出会いを取り戻すことによって、ねじれが解きほぐされていきます。ここに希望があると私には思えるのです。

こんな話が聖書にあります。十字架での死の後、イエスは復活し、弟子たちのところに現れました。

「十二弟子の一人で、デドモと呼ばれるトマスは、イエスが来られたとき、彼らと一緒にいなかった。そこで、ほかの弟子たちは彼に『私たちは主を見た』と言った。しかし、トマスは彼らに『私は、その手に釘の跡を見て、釘の跡に指を入れ、その脇腹に手を入れてみなければ、決して信じません』と言った。八日後、弟子たちは再び家の中におり、トマスも彼らと一緒にいた。戸には鍵がかけられていたが、イエスがやって来て、彼らの真ん中に立ち、『平安があなたがたにあるように』と言われた。それから、トマスに言われた。『あなたの指をここに当てて、わたしの手を見なさい。手を伸ばして、わたしの脇腹に入れなさい。信じない者ではなく、信じる者になりなさい。』トマスはイエスに答えた。『私の主、私の神よ。』イエスは彼に言われた。『あなたはわたしを見たから信じたのですか。見ないで信じる人たちは幸いです』」(ヨハネの福音書二〇章二四〜二九節)。

イエスは、「信じる者になりなさい」、「見ないで信じる人たちは幸いです」とおっしゃいます。そのとおりだと思います。しかし、そうは問屋が卸さない。人は本質的に「不信」な存在です。だから人が人を信じたり、愛したり、あるいは信仰を有したりすること自体が「奇跡だ」と思います。「信仰は神より与えられた恵みだ」と言われますが、それは「人間が努力したからとて、信仰には到達しない」ということを意味しています。それほど、私たちが「信じる者」になることは難しいのです。ましてや「死人が復活した」など、「信じろ」と言うほうがどうかしていると思います。イエスは、そんな人間の現実をご存じでした。だから、「信じないあなたが悪い」とか、「この不信仰な奴め」とはおっしやらない。トマスが信じることができるまで近づいて、十字架で傷ついた手を見せ、脇腹を見せられたのです。

トマスは、神の子イエスのことさえ信じることができませんでした。ましてや、私たち人間同士が信じ合うには、どうしたらよいのでしょうか。

春田さんはドキドキしながら、私たちが「本性を現す」のを待っておられました。ねじれた心が癒されるには、半年という時間と、通い続けた人の存在がありました。そして、私たちは、スタートラインに立つことができたのです。人が立ち上がるには、家やお金が必要です。しかし、何よりも大切なのは、ねじれた心が癒されることです。春田さんは、その後、地域で元気に暮らしておられます。日下部さんは、その後も、ときどき春田さんを訪問しています。

縁の切れ目——どまぐれる理由

石山陽一さん（仮名）は、手先の器用な方で、編み籠や苔玉《こけだま》などを見事に作られます。ときどき作品をいただくのですが、どれもたいした仕上がりです。行事には、必ず参加されます。その際、ポットに入れたコーヒーを持参し、みんなに振舞ってくださいます。このコーヒーがとんでもなく甘く、「奥田しぇんしぇい、もう一杯どげんですか」と勧めてくださるのをお断りするのに一苦労する、そんな方でした。私は、そんな石山さんが大好きでした。

実は、この方は元畳屋の親方で、ご自身も職人さんでした。全盛期には弟子を何人も抱えるほどの店を経営していたといいます。しかし、あることがきっかけで、すべてを失う結果になりました。さすがに地元にはいられず、北九州に逃れるようにやって来たとのことでした。

でも、就職はできず、野宿に。路上で出会ったころは、職人気質が残る少々頑固な方でしたが、やっとの思いで野宿から自立されました。職人だったこともあり、教会の庭の手入れなど、様々なボランティアを担っておられました。その日も教会の植木の手入れをしておられたのですが、休憩時間にろれつが回らなくなり、救急搬送。脳梗塞でした。一命はとりとめられ、リハビリにも耐え、退院。杖が必要にはなりましたが、お元気でした。ただ、脳梗塞をきっかけに、なぜかあの難しかった職人気質が姿を消し、明るく、どちらかと言えばひょうきんなおじいちゃんになっていかれました。笑顔が素敵になった石山さんは、いっそう皆に愛されながらその後を過ごしておられました。

お世話になった介護事業所のニュースに、石山さんのインタビューが掲載されました。ご本人は、自分の写真とことばが載ったその記事を大切にしておられました。私たちも喜んで読んだのを覚えています。インタビュー記事の中で、石山さんは、しんどかった日のことを振り返っておられます。

「突然、妻が病気で亡くなって、がっくりと精神的にまいったのと、(畳屋の)外回りのことや金のやりくりがわからず、ヤル気を失いました。どまぐれてしまいまして、家も処分し、北九州に職を探しに……。」

「どまぐれる」は筑後弁で、「どうしようもない様」だそうです。私たちと出会う前、石山さんはそのような時を過ごしておられたわけです。北九州にたどり着いたとき、石山さんは、すでに六十歳を超えており、景気の低迷も重なり、就職は難しかったようです。インタビューの最後で、「現在は教会やNPOのお手伝いに生きがいを見いだしている。座右の銘は『自分の仕事に誇りをもって、まじめにコツコツ働くこと』」と答えておられます。石山さんらしいことばです。実は、その記事が載った翌月、石山さんは二度目の脳梗塞を起こし、七十六歳の生涯を閉じられました。

経済的困窮者の多くが社会的孤立状態に置かれます。「金の切れ目が縁の切れ目」と言いますが、経済的困窮になると、友だち付き合いもままならず、社会参加が困難になります。貧困家庭の子どもたちは教育の機会を奪われ、若者は結婚もままならないのが実情です。非正規雇用では、平均年収が正規雇用の半額以下となります。正規雇用の三十歳男性が結婚している率は五七％、非正規の場合は二五％まで落ち込みます。経済的困窮が社会的孤立を生み出しているのは明らかです。

しかしその一方で、その逆の場合も多く見てきました。つまり、「縁の切れ目が金の切れ目」ということです。「野宿になったきっかけは何か」を尋ねると、「失業した」が一番多い答えですが、「離婚した」や「子どもと離れた」、あるいは「母親が死んだ」など、家族との関係が途切れたことがきっかけだと考えている人は少なくありません。まさに石山さんがそうでした。愛する妻の死が、働く意欲を奪い、一切の経済基盤をなくしてしまうことへとつながりました。「そんなのは甘えだ」と思う方もおられるでしょう。でも、私はそのような現実を多く見てきたのでした。

人はなぜ働くのでしょうか。「食べるため」でしょうか。「お金のため」でしょうか。確かにそうです。いずれも大事です。しかし、本当にそれだけでしょうか。「人は、だれかのために働き、だれかのために生きるのだ」と私は思います。その「だれかのために生きることができる」ということが真に人を幸せにするのだとも思います。「あなたは、なぜ働くの？　――愛する人がいるからだ」と答えるのはむしろ自然なことなのです。人生に意味を与えてくれるものは何か。あるいは働く動機は何によって醸成されるのか。それは「愛する人の存在」だということばを、石山さんは残していかれたのでした。

石山さんは、愛する人を失い、生きる気力を失いました。しかし自立後、周りの人々に必要とされ、教会の奉仕やＮＰＯのボランティアで活躍することで復活されたのです。私たちが石山さんに助けられたのは事実です。「しぇんしぇい。大事かコツは、何のために働くのかじゃなか、だれんために働くか、ちゃぁなかかか」と石山さんから私は教わったのだと思います。

「妻が死んで、どまぐれました」と石山さんはおっしゃいました。よほど寂しかったのだろうなと思います。

石山さん、今ごろ天国で奥さんと再会しておられると思います。もう、どまぐれられることもないでしょう。ね、石山さん。

引き受けます。だから……

「松ちゃん」こと、松井健二さんは、炊き出しパトロールのたびにお会いする方でした。屈託のない笑顔が印象的な方でしたが、どこか陰がある、そんな方でもありました。毎度どっからともなく登場されます。そして、毎度お酒の過ぎた状態です。野宿のしんどさが彼をお酒に向かわせるのか、お酒が彼を路上に追いやったのか。いずれにせよ、お酒が課題だということは、だれの目にも明らかでした。

何度もアパート入居を勧めましたが、なかなか応じるようすはありません。しかし六年目のある日、松ちゃんは、自立を決断したのでした。すでに六十八歳になっておられました。

自立支援住宅入居後、しばらくすると、いろいろと問題行動が目立ち始めました。三か月目のある日、ついにお金を持って失踪。すぐに捜索開始！　三日目の夜、松ちゃんは発見されました。無事な姿に安堵しつつも、この間どうしていたのか、お金はどうなったのかを尋ねます。松ちゃん、いわく、「お金は小倉の飲み屋に預けている」。

引き受けます。だから……

翌朝、本人、関係者が一堂に会して話し合いがもたれました。もう一度お金の件を尋ねると、やはり「預けている」と松ちゃん。スタッフが「松ちゃん、そんなことを言うと、奥田理事長は必ずその店を訪ねるよ。正直に言ったほうがいい」と説得しますが、敵(?)もさるもの、頑として「預けている」と言い張ります。一文無しの状態なので、仕方なくその日の生活費を貸し、「松ちゃん、今日はアパートから出ないでね」と念を押して別れました。

その夜のこと。私は当然、店を訪ねました。店のご主人に事情を説明したところ、「思い当たりません、うちはお金を預かるようなことはしていません」とおっしゃる。「やっぱり嘘か」と内心あきらめ、帰ろうとすると、ご主人が「その方、どんな方ですか」と改めて尋ねられました。詳しく説明すると、「あっ！　あの人かな……」とご主人。「ご存じですか」と私。「はい、今、店の奥で飲んでますよ」!?

慌てて店の奥へ。本人でした。松ちゃんは屈託のない、いつもの笑顔で迎えてくれました。「ああ、奥田さんだ！」「奥田さんだ、やないやろう！」と私。「もう一杯だけ」と駄々をこねる松ちゃんを車に押し込んで、帰りました。松ちゃんは申し訳なさそうでしたが、どこか嬉しそうでした。

松ちゃんは、「このままではダメだ」ということを自覚しておられました。でも、どうしてもお酒に引っ張られてしまいます。その後、松ちゃんは入院を決意しました。しかし、一週間も経たないうちに強制退院。その後、酔って駐車中の車を傷つけ、逮捕されてしまいました。さすがの私たちもこのまま支援を続けるか議論になりました。「いったん野宿に戻ってもらったほうがよい」との意見も出ましたが、「私たちは実家じゃないのか。どんな出来の悪い息子も戻って来るのが実家じゃないか」との意見が出され、結局引き受けることになりました。「にもかかわらず引き受ける」のではありません。「こんな松ちゃんだからこそ引き受ける」と決めたのです。判決が出るまでの四か月間、七人のボランティアから成る「チーム松井」が拘置所面会を続けました。

裁判が始まりました。私は情状証人として出廷しました。裁判長が「この人の問題は何ですか」と尋ねられるので、「お酒です。ふだんは素敵な人です」と伝え、身元引き受けを申し出ました。裁判長から、「では『お酒を飲まない』という条件で引き受けていただけるということで記録していいですね」と確認されました。それに対して、「いいえ、そうではありません」と私。「引き受けないのですか」と裁判官が尋ねたので、「いえ、引き受けますよ。しかし、私が先ほど申し上げたのは『もう飲まないことを条件に引き受けます』ではなく、『引き受けます。だから松ちゃん、もう飲まないでね』ということです」と申し上げました。すると裁判長は一瞬考えたうえで、速記の方に、「今のことばを記録しなさい」と指示しました。

条件を満たしたら引き受ける。一見当然のような事柄ですが、人はそれでは新しく始めることが難しいのです。生まれた時のことを考えればわかります。すべての人は何もできない状態で「まず引き受ける（られる）」ことから始まります。引き受けたからこそ、言うべきことが言えるのです。「松ちゃん、もう飲まないで」と。あれから十年。今も松ちゃんは地域で静かに暮らしておられます。量は減りましたが、お酒はちゃんと飲んでおられます。トラブルはほぼありません。いつしか屈託のない笑顔から陰は消えていました。

「医者を必要とするのは、丈夫な人ではなく病人です。『わたしが喜びとするのは真実の愛。いけにえではない』とはどういう意味か、行って学びなさい。わたしが来たのは、正しい人を招くためではなく、罪人を招くためです」（マタイの福音書九章一二～一三節）。

イエスは「罪人を招く」と言われました。「正しい人になったらおいで」とは言われない。さらに、「敵を愛しなさい」とも言っておられます（マタイの福音書五章四四節）。

そもそも、「罪人」や「敵」は、愛する対象ではありません。しかし、それでは何も始まらない。イエスが示した愛とは何だったのか。「ともかく引き受ける。断らない。文句は、その後しっかり言う」ということだと思います。それこそが、私たちが現場で目指してきたことでもありました。ただ、言うは易しで、現実は簡単ではありませんが。しかし、松ちゃんとの出会いは、私たちに「簡単ではないこと」への挑戦を促したのです。

「黙れ」――邪魔な人などいない

藤田五郎さん（仮名、当時五十五歳）は孤高の人。それは、彼がすべてをあきらめていたからだと思います。自分から炊き出しの列に並ぶことはありません。今では珍しくなりましたが、藤田さんは歩道橋の下を寝場所としておられました。いつも、たったひとりで過ごしておられました。それで、こちらから訪ねて行くのですが、彼の反応は常に鈍く、会話が成立しないことが多かったのです。

あるとき、周囲のホームレスの方々から「藤田は具合が悪いのではないか」との連絡が入りました。夏前のことでした。その後、担当していたボランティアが何度も藤田さんを訪ねます。埒が明かないというので、私も説得に出かけます。「入院しましょう」ともちかけますが、藤田さんは常に、「いや、大丈夫」と答えられますが、どう見ても「大丈夫」な状態でないのは明白でした。無理やり病院にお連れすることもできないまま二か月が経ちました。

「最近声が出ない。食べ物も喉を通らなくなった」と藤田さんがしゃがれ声でおっしゃったのは、九月半ばのことでした。やはり入院を勧めましたが、それでも首を縦に振りません。それどころか藤田さんはこうおっしゃるのです。

「仕事もないし、生きててもしようがない。俺は生きてても邪魔なだけだから。」

このことばの重さに圧倒されました。それでも、「そんなことはない。生きよう。いっしょに生きよう」と説得に努めるのですが、藤田さんの「確信」の前に、私のことばはふわふわ浮いているような感じでした。

その後、藤田さんは立ち上がることさえできなくなり、意識を失って倒れました。ようやく救急搬送となったのは、すでに秋も深くなったころでした。緊急入院。担当の医師に、「奥田さん、こんなになるまで、なぜ放っておいたんだ」と叱られました。決して放っておいたわけではないのですが、確かにそのとおりです。あまりの状態の悪さに慌てる医者、叱られ、言い訳できない私。そんな二人を横目に藤田さんは変に落ち着いておられました。

翌日、病室を訪ねると、「奥田さん、お医者さんに聞いたんだけど、俺はもう死ぬらしい」と藤田さんは笑みを浮かべながら言われるのです。慌てることもなく、悲しむこともなく、ただ笑っている。底知れぬ絶望を感じました。

数日後、危篤の知らせを受けて深夜の病院に駆けつけました。病院の暗い廊下の先に、眩しく輝いている部屋があります。静かな夜の病院にもかかわらず、その部屋だけが慌ただしく人が出入りしている。私は何度もそんな明るい部屋に伺うという日を経験してきましたが、そのたびに怖い思いになります。本当はもう帰りたいぐらいです。部屋に入ると、藤田さんの最後の闘いが終わろうとしていました。彼はまもなく息を引き取られました。その後、役所を通じて母親と連絡が取れましたが、引き受けてもらえないということでした。葬儀はボランティアや野宿仲間とともに教会で行いました。

葬儀説教の中で私は彼にこう語りかけました。

「藤田さん。あなたが亡くなって悲しいんです。今も、あのことばが胸に突き刺さっています。『生きてても邪魔なだけだから。』でもね、藤田さん。あなたがどう思おうとも、私たちにとってあなたは邪魔者ではなかったのです。そして神様は邪魔な人をお創りになるほどお暇でも愚かでもないのです。確かにあなたの人生の意味は、私たちにはわかりません。でも、それは『ない』のではなく、『あるのだ』と無理やりにでも、今日、私は宣言させていただきます。」

くやしまぎれの一言かもしれない。所詮、大きなお世話にすぎないのかもしれません。私たちの活動は、あのことばとの闘いだったのです。それは、野宿者に限りません。現代社会は「生きていてもしようがない」、「自分の存在意義がわからない」、「自分は邪魔者だ」ということばにあふれています。多くの人々がこのことばに捕らわれています。絶望のことばはたいへん手ごわいのです。確信に満ちているからです。しかし、あの確信に満ちた絶望のことばを凌駕する希望のことばを私たちは紡ぎ出さなければならないのです。

イエスは、ときに「黙れ」と命じられます。たいへん乱暴なことばだと思います。

「ちょうどそのとき、汚れた霊につかれた人がその会堂にいて、こう叫んだ。『ナザレの人イエスよ、私たちと何の関係があるのですか。私たちを滅ぼしに来たのですか。私はあなたがどなたなのか知っています。神の聖者です。』イエスは彼を叱って、『黙れ。この人から出て行け』と言われた。すると、汚れた霊はその人を引きつけさせ、大声をあげて、その人から出て行った」（マルコの福音書一章二三～二六節）。

汚れた霊は何でしょうか。病気のことでしょうか。それとも、何か人知を超えた「悪霊」のことでしょうか。その正体はよくわかりませんが、私は「汚れた霊」の働きをこのように理解します。人を孤立させ、その結果、生きる意味を見失わせる力だ、と。孤立は他者との関係を失うことです。人は、他者との関係の中で自分の状態、存在の意味を知るのです。だから、孤立が生きる意味の喪失を導く。これが「汚れた霊」の働きだと思います。

この男はイエスに対して、「あなたと私と何の関わりがあるのですか」と言います。「放っておいてくれ」と。しかし、イエスはこの男に、「黙れ」と一喝されました。周囲の人々は、このイエスのことばを聞いて、「これは何だ。権威ある新しい教えだ。この方が汚れた霊にお命じになると、彼らは従うのだ」（同二七節）と驚愕します。

私たちは、どうすれば権威あることばを語ることができるのでしょうか。イエスの「権威」とは何であったのでしょうか。一つだけ言うならば、「受肉したことばであった」ということでしょう。イエスが愛するとおっしゃると、それはことばに終わらず、現に事実となって起こります。つまり、十字架に裏打ちされた「いのちがけのことば」だということです。これがなかなか私たちには難しい。なぜならば、私たち自身がイエスによって「黙らされ、赦され、生きている罪人」にほかならないからです。それでも、そのイエスが「わたしに従って来なさい」とおっしゃるなら、そのあとをトボトボとついて行きたいと思います。そして、イエスが「黙れ」と言っておられることを、黙らない人々に、つまり、絶望の闇の中にたたずむ人々に伝えたいと思うのです。

藤田さんは、あのあと、天国でイエスから「黙れ」と一喝されたのだと信じています。もう、彼があのことばを語ることはないのだと、私は信じています。

松ちゃん故郷に帰る——他者と自分

「松ちゃん」のその後です。

松ちゃんは、再出発に際して、「お酒は一年間飲まない」と約束されました。そして、今後の目標として、「達成できたら故郷を訪ねる旅に出かける」ことを定めました。正直、私たちといえば、「とはいうものの……」という思いがなかったわけではありません。しかし、その私たちの予測を見事に裏切り、松ちゃんは一年間お酒と縁を切りました。その後は、ぼちぼち飲んでおられますが……。それにしても、この一年間は「お見事！」としか言いようのない出来でした。夢のようでした。

児童施設に勤務する友人が私に、こんなことを言ってくれました。

「いろいろな事情で施設に預けられる子どもがいます。入所当初事件が起こります。それが何度も繰り返される。『この子はダメだ』と言ってしまいそうになります。でもね、それは周りの人を試しているのであって、『この人は本気で自分のことを大切にしてくれるか』、『都合が悪くなると、放り出されるのではないか』と子どもたちは心配しているわけです。だから、子どもたちは、周囲の大人の本気度を試している。本能的にね。奥田さんも松ちゃんから試されていたんだと思いますよ。彼が意識していたかどうかはわかりませんが、たぶんそうだったんだと思います。」

施設に来る子どもたちは、言うに言われぬ苦労や寂しい思いをしてきたのでしょう。何よりもつらいのは、親や大人を信用できないという現実だったと思います。だから、子どもたちは、「この人は大丈夫だろうか」と、いわば本能的に「試し行動」をしてしまうのです。松ちゃんも、松ちゃんなりに私たちのことを試していたのだと思います。しかし、それは松ちゃんにとって「必要な時」だったのでしょう。まさに、「すべてのことには定まった時期があり、天の下のすべての営みに時がある」のであって、「生まれるのに時があり、死ぬのに時が」あり、「崩すのに時があり、建てるのに時が」ある。しかも、それが神の時であるかぎり、何一つ無駄ではなく、最終的に、「神のなさることは、すべて時にかなって美し」くなるのだ（伝道者の書三章一～三節、一一節）と信じます。

松ちゃんが自立支援住宅に来た後の混乱の日々は何だったんだろうと思います。しかし、それは必要な時だったのだと今は確信しています。人生の様々な出来事の中で、ついにはひとりとなり、六年間も野宿を生きてきた松ちゃんです。すぐさま人との関係を結び直すことができなかったのだと思います。

私たちはついに、松ちゃんの故郷、四国松山へと旅に出ることになりました。「費用は僕がもつ」と松ちゃんは、この間貯めたお金を持って来られました。私たちは、その一言を非常に嬉しく思いました。自分のことで精いっぱいの日々が終わり、彼の中に「他者」が生き始めていることを、その一言に見た思いがします。気持ちだけいただいて、ともかく出発することにしました。旅には、高校時代から松ちゃんと関わり続け、ついにNPOのスタッフになった田口君が同行しました。

小倉を夜に出港したフェリーは、早朝松山に到着します。早速、道後温泉へ。「三階の部屋！」と、松ちゃんが一番良い部屋を取ってくれました。夜になり、宿に到着。三人とも浴衣に着替えて食事をしていると、おかみさんが「あら、おじいちゃんと息子さんとお孫さんですね。よく似てらっしゃる」と言ってくれます。私が「全然似てません！」と答えると、不思議そうな顔をされますが、松ちゃんはまんざらでもないという表情で笑っていました。

翌日ついに故郷へ。六十年が過ぎていました。住所はわかりません。うろ覚えの町名を頼りに探します。松ちゃんは、「行ったらわかる」と断言していました。そのことばを頼りに車を走らせます。「どうやらこのあたりらしい」というところまではたどり着いたのですが、決め手がありません。「この川でよく遊んだ」という川が今も流れていました。街並みはすっかり変わっており、手掛かりがありません。三人で数時間、グルグル、グルグル歩き回りました。

「松ちゃん、もう無理やで、あきらめよう」と私が言いかけたその時、「ああ、ここは花ちゃんの家だ」と松ちゃんが言いだしました。それは、今は食堂になっている古い民家でした。聞くと、小学生だった松ちゃんの初恋の人「花ちゃん」の家だったのです。現在は別の方が暮らしているようで、残念ながら花ちゃんの消息はつかめませんでしたが、「こが花ちゃん家だとすると」と松ちゃんは、元気を取り戻し、再び捜し始めます。「あっ、ここだ！」ついに松ちゃんは自分の家を、正確に言うと家のあった場所を捜し当てたのでした。そこは駐車場になっていました。

人は、ときに自分を見失います。自分のことがわからなくなります。覚えているはずのことがわからなくなります。しかし、自分で自分のことを見失ったとき、それを思い出させるのが「他人の存在」だと思います。松ちゃんが初恋の人「花ちゃん（の家）」を通じて、自分の家にたどり着けたのも、そういうことだったのでしょう。そんなものなんだなあ、と私はその日、深くうなずいたのでした。

なぜ、人は、神様を信じるのでしょうか。それは、神様こそが私のことを最もご存じである他者だからです。私を創り、私を愛し、私を赦してくださった方は、「まどろむこともなく 眠ることもなく」（詩篇一二一篇四節）私を見守っていてくださる。私を一番ご存じである方、それが神様です。私は、私を見失います。そんなとき、私をご存じである方に尋ねればよいのです。祈りとは、神様のみこころに身をゆだねることであると同時に、自分が何者であるかを知ることにほかなりません。そして、神様が私に何をさせようと期待しておられるのかを尋ねることです。人は、自分を見失わないために他者とつながり、神様に祈るのです。

その後も松ちゃんは、多くの人との出会いの中で、失われた自分を取り戻していってお

られます。

覚えていてほしかった――ひとりで死なない。死なせない

鈴木明さん（仮名）は、長くホームレス状態でしたが、ついに決意し、自立支援住宅に入居されました。その後、地域でひとり暮らしをしておられます。ヘルパーさんの助けを借りながら、デイサービスにも通い、穏やかな日々を過ごしておられます。

若いころ工事現場で事故に遭い、頭部に大けがを負ったことが原因で、ときどき記憶が曖昧になったり、被害妄想のような状態になられます。加齢とともに、最近はそのような状態になることが多く、そのたびにスタッフや私が駆けつけます。しばらく、お話を聞いていると、少しずつ落ち着かれます。薬は不要です。鈴木さんには、ともかく聞いてくれるだれかが必要なのです。せっかく野宿から脱して生活を取り戻した鈴木さん。何とか地域での暮らしが続けられるように支えようと思います。

出会ったころの鈴木さんはまだ四十代半ばでした。そのころ、長期の出張仕事によく出ておられました。仕事が終わると、北九州に戻って来られます。戻った当初は、お金があるので、宿に身を寄せますが、お金がなくなると路上暮らしが始まります。そんな鈴木さ

んと出会ったのは、もう二十数年前のことでした。

しばしば出張先から電話が入ります。「奥田さん。今、新潟にいるんやけど。もうすぐ土産を持って帰るから。」別に何か相談があるわけではありませんが、鈴木さんは律儀に電話をかけてこられます。そして数日後、本当に土産を持って私の前に現れます。

出会ったころ、鈴木さんが寝ていた近所で放火事件が起こりました。警察の捜査にもかかわらず、犯人は捕まりません。すると、警察は周辺の野宿者全員を警察署に連れて行き、事情を聴き始めました。鈴木さんも警察署に呼ばれ、放火事件のことを尋ねられたといいます。当然、鈴木さんは知らないと答えたようですが、その後、出身地や家族のこと、経歴など様々なことを聴取され、さらに指紋や写真まで取られたそうです。捜査令状など一切ありません。任意捜査として実施されたようです。どうやら警察は、放火事件を口実に「野宿者リスト」のようなものを作成している様子でした。私たちは、それを今後の犯罪捜査に利用するのではないか、鈴木さんたちを「犯罪者予備軍」のように扱っているのではないかと疑いました。

（写真提供・タカオカ邦彦）

証拠も何もなく疑うというやり方は、野宿者に対する差別意識から生じています。「野宿＝危険」、つまり「野宿者は、何をするかわからない」と決めつけるやり方は、世間の偏見を助長することにもつながります。結局、その後、放火の容疑者が逮捕されましたが、野宿者ではありませんでした。

私は、鈴木さんが警察署に連れて行かれたこと、そこで指紋や顔写真も取られたと聞いて、憤慨しました。即刻、警察署に対して抗議しようということになりました。しかし、それを聞いた鈴木さんは、「抗議はしなくていい」と私たちを諫《いさ》めたのです。そして、意外なことを語り始められました。

「警察がそういうリストをつくることとの問題は感じます。まるで犯人扱いですから、当然、嫌です。しかし、自分はこのまま死ぬと無縁仏になります。身元不明のまま死ぬよりも、わかる形で死にたい。犬や猫ではあるまいし、ああ、こんな人がいたな、ああ、あの人が死んだなあ、と思ってほしい。このままでは自分が生きた証拠がない。だれが死んだかわかるのと、わからんのとはえらい違う。私は何のために生きてきたのか。善かれ悪しかれ生きてきた。だから、だれかに看取られたい。そんなリストであったとしても、あったほうが良いと思うんです。」

警察に対する怒りもありましたが、一方で鈴木さんのこと、野宿状態に置かれ、家族や人との関係が切れ、孤立状態に置かれた人々の本当の思いや寂しさ、人としての渇望などを理解していなかったことに私は愕然としました。「私は犬や猫ではない。だれかに知ってもらいたい。看取られて逝きたい。」それは人間としての当然の願いだと思いました。鈴木さんは、そんな思いで警察の取り調べを甘んじて受けておられたのでした。旅先からの電話も、「僕は生きている。ここにいる」ということを私に知ってもらいたいという意思表示だったのだと思います。だれからも知られていないということは、そもそもこの世界に存在していないのと同じことになってしまう。私は、鈴木さんから大事なことを教わったのでした。

二〇〇〇年NPO法人になるに際して、私は今後取り組むべき計画を「北九州におけるホームレス自立支援グランドプラン」にまとめ、公表しました。その中に、「私たちが考える『自立』の五本の柱」という文章があります。それは、以下のとおりです。


【第一の柱】社会的生活を回復すること。

【第二の柱】主体的に選び取ること。

【第三の柱】関係において自らの存在意義を見いだすこと。

【第四の柱】依存ではなく、責任を負い合うこと。

そして、【五本目の柱】は、「死を共有すること」としました。その説明として、以下のような文章が添えられています。

「ホームレスの過酷な現状を最も端的に表す場面は、死である。多くのホームレスが亡くなる際に『無縁仏』となる。ホームレス自立支援は、この無縁性との闘いである。課題は、社会的生活の回復では終わらない。ハウスレスを脱した（居宅設置）人が、その後どのような関係の中で生きていくかが同時に問われる。そして、その生き様が最後に問われるのが死の場面なのである。自宅を手に入れても、その人生の最期に待っているのが『孤独死』であるなら、はたしてその人は本当にホームレスを脱していたかが問われるのである。自立した者は、独りで死んではならない。自立する者たちは、死を共有しなければならない。独りで死なない。独りで死なせない。自立する者たちは、そのような関係における責務を互いに負うのである。」

この項目が生まれた背景には、あの鈴木さんのことばがありました。警察が、鈴木さんの期待に応えてくれるとも思えません。だったら、私たちが最期まで一緒にいたらいい。「出会いから看取りまで」という、活動の基本スタンスが定まりました。

詩篇に次のようなことばがあります。

「主よ　あなたは私を探り　知っておられます。
あなたは　私の座るのも立つのも知っておられ
遠くから私の思いを読み取られます。

あなたは私が歩くのも伏すのも見守り
私の道のすべてを知り抜いておられます。
ことばが私の舌にのぼる前に　なんと主よ
あなたはそのすべてを知っておられます。……
私はどこへ行けるでしょう。
あなたの御霊から離れて。
どこへ逃れられるでしょう。
あなたの御前を離れて。
たとえ　私が天に上っても
そこにあなたはおられ
私がよみに床を設けても
そこにあなたはおられます。……
神よ　私を探り　私の心を知ってください。
私を調べ　私の思い煩いを知ってください。
私のうちに　傷のついた道があるかないかを見て
私をとこしえの道に導いてください。」（詩篇一三九篇）

ここには「知ってほしい」という人間の切なる呻《うめ》きと、「知ろうとする神のみこころ」が描かれています。人は、知られることで生きていけるのです。

路上で亡くなる人の八割が「無縁状態」で亡くなります。自立した後でも、家族が葬儀を行うケースは半分もありません。「わたしは、あなたがたを捨てて孤児にはしません」（ヨハネの福音書一四章一八節）とイエスはおっしゃいました。私たちは、このことばをどのように生きることができるのでしょうか。私は、それを路上の人々との出会いの中で考え続けています。

私の一番長い日——出会った責任

人が人を救うことはできない

人が人を救うことはできません。この現実と三〇年近く向き合ってきました。開き直って言っているわけでも、単なる諦念でもありません。それは、いかんともしがたい事実であり、対人援助の現場に身を置く人は常に考えさせられることだと思います。

結果、「だからやめる」という人と、「だけどやる」という人が出てきます。「やる」人が立派なわけではありません。私の場合、確かに長年やってきたのですが、それは単なる優柔不断、あるいは「逃げる勇気がなかった」ということにすぎなかったのだと思います。ですから、「自分には無理。だからやめる」と表明できる人は、ある意味、自分に誠実な人だと思うのです。それは、私のような宗教者にとっては、さらに大事な前提です。なぜならば、宗教者とは、神仏に赦され、助けていただかないと生きていけない自分であることを認めた人だと思うからです。「できない」という前提。それが大事なのですが、「できなくて当たり前」とも言わない。それが、対人援助の場面では問われています。

ホームレス状態にある人々が、もう一度立ち上がっていかれる姿に感動を覚えます。この三〇年間で、アパートを設定された方は三四〇〇名となりました。自立率は九割を超え、生活継続率も九割を超えています。しばしばマスコミで取り上げられるようになり、「驚異的な実績」とのことばもいただきました。しかし、先述の「事実」は、厳然として動かしがたく私の前にあり続けています。

「うまくいく」一方で、しんどく「長い一日」が幾度もあったことを隠すわけにはいきません。そんな「長い一日」を忘れることもできず、あるいは「うまくいったこと」と差し引きしたり、「しょうがなかった」と慰めたりすることもできません。

山田の親父《おやじ》さんとの出会い

山田の親父さん（仮名）が相談窓口に来られたのは、二〇〇四年初夏のことでした。年齢はすでに八十歳近いと見受けられました。小倉北区の公園の隅っこ、自ら建てたテントの中でひっそりと暮らしておられました。隣のテントに住んでいたのは、通称サンちゃん。そのサンちゃんが「隣の山田の親父さんが心配だ。なんとかしてやってほしい」と、本人を私のところに連れて来られたのが最初でした。

相談が始まりました。年齢からいって就職は難しい。当時すでに私たちは、支援付きの住宅の運営を始めていましたが、その「自立支援住宅」は常に満室状態で、入居するのに数か月待たなければならない状態でした。北九州市は、路上からの生活保護申請は認めていなかったので、なんとか住居を確保することが必要でした。一般のアパートに入居してもらい、生活保護を申請することが良いとも考えましたが、問題は単身生活が可能かということでした。山田の親父さんは、相談のたびに生年月日や履歴などが変わってしまう。嘘をついておられる様子はなく、本当にわからなくなっているように見えました。何らかの問題、つまり認知症などを抱えておられる可能性がありました。だから一般のアパートでの単身生活も難しいと考えていました。

ともかく、いったん入院して、その後に介護施設などに入居してもらう手もあります。そこで病院に紹介しましたが、「身体的には健康。入院の必要はない」との検査結果でした。大きな病気がないことがわかり、安心しましたが、では、どうするのか。具体的な手を打てないまま、相談だけが繰り返されていました。

認知症も手伝ってか、ご本人からも「今すぐなんとかしてほしい」という強い要望もなく、正直、私は、そんな山田の親父さんの現実に甘えていたのだと思います。そして季節は秋へと向かっていきました。忘れることのできない日、忘れてはいけない日がやって来たのです。

私の長い一日――出会った責任

二〇〇四年九月六日夜九時過ぎ、福岡での会議に出ていた私のところに、巡回相談主任から緊急連絡が入りました。「今警察から連絡があり、現場に来ています。山田さんがテントの中で自ら命を断ったようです。」頭の中が真っ白になりました。「しまった」と、声にならない声が私の中に繰り返され、私は凍りついたのでした。慌てて北九州に帰ることにしましたが、急いで動き出す自分のあり様に、「ならば、なぜこれまでもっと急いで対応しなかったのか」と、もう一人の私が問いかけます。答えられない自問の中で、私は北九州へと向かいました。

そこにはすべてが終わってしまった山田の親父さんがおられました。それから数日、警察は検死、身元調査などを続けましたが、なかなか身元がわかりませんでした。結局家族は見つからず、山田の親父さんが引き渡されたのは九月二十五日のことでした。亡くなって二十日ほど経ったご遺体の状態は悪く、直接、火葬場に向かうしかありませんでした。

火葬場の炉前で簡単な葬儀を執り行いました。牧師役は私がしましたが、ことばになりません。そもそも語る資格がないように思えました。かといって、逃げ出す勇気もなく、神様にすがる思いで臨んだことを覚えています。葬儀には、野宿仲間や支援者が数名来ておられました。「奥田さんのせいではない」と慰めてくれる人もいましたが、出会ったかぎり、自らを免罪することはできません。出会った責任は消しがたく存在しているのです。

「やるだけのことはやった」、「行政が悪い」、「山田さんは認知症であり、支援が難しかった」など、言い訳は、いくらかできたかもしれません。でも、たとえ言い訳ができたとしても、「出会った責任」は何一つ割り引かれるはずがありません。私たちは、そんな出会い方を大事にしてきたつもりでした。

確かに、私たちは神様ではないし、イエス様のようにはできません。所詮、人である私たちが他人のいのちをどうこうできるはずはありません。しかし、それでも出会ってしまったのです。山田の親父さんのことばを聞いてしまったのです。「責任」はあるのです。その「責任」をどう果たせばよいのか、あの日以来、私は答えを探し続けています。

火葬の後、収骨が始まったとき、サンちゃんが現れました。「合わせる顔がない」とは、このときに使うことばでした。サンちゃんは、ハンカチを出してお骨をひとかけら包み、自分のポケットに突っ込みました。「サンちゃん、ごめん。」それが精いっぱいの私の一言でした。するとサンちゃんは、私の肩に手を置いて、こう言ったのです。

「いや、奥田さん、ありがとね。世の中、どうしようもないこともあるよ。」

サンちゃんのポケットに抱かれて、山田の親父さんはサンちゃんといっしょにあの公園へ帰って行きました。

赦された罪人として生きる

「人が人を支援する」とは、どういうことでしょうか。そもそも、そんなことは可能なのでしょうか。助けているようで、実際には殺している。そう言わざるをえないようなことが起こります。やめてしまえば楽なのか。いや、そうでもありません。やめてしまっても、「出会った責任」からは逃れることができないからです。では、どうすればよいのでしょうか。答えは簡単ではありません。しかし、この「答えのないしんどい問い」から逃げてはいけないと思います。それ自体、出会った責任なのだと思うからです。

聖書は、人間をたいへん厳しくとらえています。

「義人はいない。一人もいない。
悟る者はいない。
神を求める者はいない。
すべての者が離れて行き、
だれもかれも無用の者となった。
善を行う者はいない。
だれ一人いない。」
「彼らの喉は開いた墓。

彼らはその舌で欺く。」

「彼らの唇の下にはまむしの毒がある。」

「彼らの口は、呪いと苦みに満ちている。」

「彼らの足は血を流すのに速く、
彼らの道には破壊と悲惨がある。

彼らは平和の道を知らない。」

「彼らの目の前には、神に対する恐れがない。」（ローマ人への手紙三章一〇～一八節）

そこまで言わなくてもと言いたい気持ちになりますが、このことばを否定することはできません。

さらにパウロは、自らの現実をこのように嘆いています。

「私には、自分のしていることが分かりません。自分がしたいと願うことはせずに、むしろ自分が憎んでいることを行っているからです。……私は、自分のうちに、すなわち、自分の肉のうちに善が住んでいないことを知っています。……私は本当にみじめな人間です。だれがこの死のからだから、私を救い出してくれるのでしょうか」（同七章一五～二四節）。

私は、この徹底した自己認識が支援現場には必要だと考えています。それは教会も同様で、「良いことをしている」ではすまされない現実があります。キリスト者は、「赦された罪人」にすぎません。今日もイエス・キリストの十字架の贖いを必要としているのです。それがキリスト者であり、人間です。パウロは、あの嘆きの最後に、「だれがこの死のからだから、私を救い出してくれるのでしょうか」と問います。そして、「私たちの主イエス・キリストを通して、神に感謝します」（同二五節）と言います。

イエスが「罪のない者が、まずこの人に石を投げなさい」（ヨハネの福音書八章七節）と問われたので、その場の全員が立ち去ったといいます。しかしイエスは、「だから、やめてしまえ」とはおっしゃらない。そんな「罪ある者」である私に対して、「わたしについて来なさい」（マルコの福音書二章一四節）と言って用いてくださる。「みじめな罪人」である現実と、にもかかわらず、その私を「赦された罪人」として用いてくださる現実。出会った責任を問うには、この二つの現実を常に認識する必要があります。

あれから十五年。私の長い一日は今も終わっていません。逃げたいのはやまやまだけど、なるべく逃げないでいたいと思っています。山田の親父さんと再会する日まで。

教授と呼ばれた男――苦難が生んだもの

北九州市との協働でホームレス自立支援事業が始まったのは二〇〇三年でした。それまで私たちは、何かにつけて市側と対立をしてきました。特に生活保護行政のあり方は、困窮状態にある人々にとってたいへん厳しく、多くの問題を抱えていました。

たとえば、「住居がない」ことを理由に生活保護の申請自体を断られることがありました。そもそも、野宿、すなわち「住居がないこと」自体、憲法で保障された生存権、「健康で文化的な最低限の生活をする権利」が侵害されている状態です。その「住居がない」ことを断る理由とし、最後のセーフティーネットである生活保護から排除する。まさに本末転倒の事態と言えますし、生活保護法によって明記されている申請権を蔑ろにしている状態でした。

その後、二〇〇七年に、「おにぎり食べたい・餓死事件」（生活保護申請が認められず、餓死者が出た事件。室内に「おにぎり食べたい」とのメモが残されていた）が起こり、「生活保護の水際作戦――闇の北九州方式」などとマスコミにも大きく取り上げられる事態が生まれ、内外の批判が高まるなか、北九州市は保護行政を改善します。現在では、路上からでも生活保護申請が可能となっています。以下は、そのような北九州市の生活保護行政が改善される前の「厳しい時代」のお話です。

そのころ、私たちは役所との「交渉」をしばしば行っていました。支援者、野宿当事者など数十人で「交渉」に臨むのですが、役所側はテーブルに着くことさえ拒否していました。実際は役所のカウンター越しで数時間押し問答が続くというあり様でした。毎年路上死する人が出る実情において、なぜ行政は何もしないのか、なぜ生活保護の申請ができないのかなど、当たり前のことを訴えていました。しかし役所側は、「まず、自力で住居を確保してください。そうしたら保護の申請ができます」と主張していました。繰り返しますが、「住居がない」ということを相談に来て、「住居があれば、相談に乗る」と言われる。これでは埒が明きません。

垣田正さん（当時六十五歳）は、毎回交渉に参加しておられました。あるとき、いつものように役所の担当者とやり合っていると、彼が割って入ってこられました。「生活保護法第何条、何項には、このように書かれていますが、なぜそれが適用されないのですか」と始めたのです。役所の方も驚いた様子でしたが、「その条項は、このような解釈になっているので使えません」と役人が答えます。すると垣田さんは、「それはそのように解釈することも可能かもしれませんが、生活保護問答集には、それについて次の事例が載っています。いかがですか。さらに○○訴訟における判決はこのようになっています。どうでしょうか」と畳みかけます。垣田さんの繰り出す質問は実に的を射ていて、担当の役人はだんだんと答えに窮し始めました。垣田さんは当時、野宿状態にありました。しかし、数年来の行政との交渉が暗礁に乗り上げるなか、図書館に通い、生活保護に関して調べておられたのでした。

以来、彼は「教授」と呼ばれるようになりました。その後、私たちは、生活保護に関して「教授」から教えてもらい、交渉を続けたのです。

失礼な言い方ですが、垣田さんはもともと勉強が得意だったとは思えません。若いころから日雇労働を続けてきた方で、法律や社会保障の分野に関わってきた専門家でもありません。学歴もない垣田さんが、生きるために必死に学んだのでしょう。人は、生きるために学ぶのだと思います。生きることにつながらない学びは、学んだことにならないのだとも言えます。私は「教授」を見ながら、そんなことを考えていました。

毎回の交渉は、「教授による授業」のような雰囲気となり、いっしょに行った野宿仲間の中にはメモを取る人も現れました。残念ながら「教授」の登場にもかかわらず生活保護の扉はビクともしませんでしたが、「教授」の存在はその後の「自立」を考えるうえで大きな励みとなりました。すなわち、人は自分の権利を守るために自ら学び、異議申し立てをすることができる。自立とは、支援されたり、与えられたりするものではなく、自ら学び、選び取るものだと、その場にいた多くの野宿者、そして支援者が考えたのです。これこそ自立に欠かせない事柄なのだ、と。

垣田さんは、その後NPOの支援を受けてアパートを借り、生活保護を申請して地域で暮らし始めました。そして十年余り、地域で静かに暮らし、生活保護が現在の運用、つまり申請の権利が守られるようになったことを見届けて、召されました。

詩篇に次のようなことばがあります。

「苦しみにあったことは　私にとって幸せでした。
それにより　私はあなたのおきてを学びました。」（詩篇一一九篇七一節）

苦しみにあうことを「幸せです」と言うには、相当の信仰が必要です。私のような者は「どうぞ試みにあわせないでください」（主の祈り）と常々祈っています。しかし人生には、避けがたい苦しみにあう日があります。どのように注意していても、突如として襲いかかる苦難があるのです。垣田さんにとっても「野宿」は、「苦しみ」そのものでした。けれども、彼はその苦難の中で学ぶべきことを学び、自らの権利を知り、そして何よりもこの社会、すなわち国や行政が守らなければならない「おきて」に気づいたのでした。それが、垣田さんの自立を後押しした原動力だったのだと思います。

私たちは、苦難の中で真に学ぶことができます。苦難は歓迎できませんが、「教授」の存在は、苦難の深い意味を私たちに示してくれたように思います。

生笑一座《いきわらいちざ》の挑戦――「助けて」と言えた日が、助かった日

生笑一座の誕生

「生きてさえいれば、いつかきっと笑える日が来る。」本当でしょうか。確信はありません。しかし、このことばを信じたいと思います。いや、信じなければならない時代を私たちは生きています。

このことばを生きた人々がいます。それが本当であることを証しする人々がいるのです。「生笑一座」です。五人のホームレス経験者によって結成された一座は、主に子どもたちを対象に活動を続けています。彼らは、「生きてさえいれば、いつか笑える日が来る」と語りかけます。いや、これは正確な表現ではありません。彼らは、「生きてさえいれば、いつか笑える日が来た」と、生き証人として語るのです。これまで一〇〇回の公演で二万人以上が彼らの話を聞きました。活動は全国に広がり、新聞、雑誌、TVドキュメンタリーにもなっており、お呼びがかかれば、全国どこにでも飛んで行きます。

一座が誕生したのは二〇一三年三月。「生笑《いきわら》」は、東日本大震災の折、支援に入った東

北の漁村「蛤浜《はまぐりはま》」において、震災直後に出会ったことば、「生きていれば、いつか笑える時が来る」からいただきました（このことについては、本書の冒頭で紹介しています）。

震災後、東北での活動を続けながら、当時、私自身は、NPO抱樸の支援施設の建築、新教会堂建築、厚労省の社会保障審議会への参加、講演活動と全国を飛び回っていました。そんな日常において一つのことを悩んでいました。以前から、「ホームレスに関する授業をしてほしい」との要望を受け、学校で話す機会がありました。子どもたちに「ホームレス状態にある人々の現実」を話すわけですが、問題は、私が野宿をしたことがないという事実でした。本当の冬の寒さも、ひもじさも知らない。そんな私が子どもたちにホームレスの話をする。なんだか嘘をついているようで苦しかったのです。

どうであれ、小学生たちがホームレスの現状を知ることには意義があります。子どもによるホームレス襲撃事件は現に起こっているし、子ども自体の貧困も看過できないところに来ている。そんな現実を生きる子どもたちとホームレスや貧困について考えることは大切だと思います。しかし、そうであるならば、野宿を経験した本人から「本当のこと」を聞くほうがもっと良いはず。そんな思いが数年前からありました。

出会いは大切です。何よりも本物と出会うことは重要です。子どもたちはホームレスと出会わないまま、ホームレスを襲撃しています。なぜ子どもたちはホームレスを襲うのか。弱い者いじめか。そうかもしれません。日ごろの欲求不満のはけ口か。そうかもしれません。しかし、その根っこには、「出会っていない」、あるいは「知らない」ということ自体の問題があります。人はわからないこと、理解できないことを恐れます。幽霊がなぜ怖いのか。それは、わからないからです。知らないままにしておくと、この世界は「怖いもの」だらけになります。その結果、人は「怖い」ものに対して攻撃的になります。戦争も、そのような無知と無縁が根本にあります。けれども、知ってしまえば何のことはないのです。なぜ子どもたちは勉強をしなければならないのか。それは、世界から「恐れ」を減らすためです。キチンと出会い、キチンと学ぶと、恐れが減り、襲撃事件も収まります。現に今まで襲撃事件が起きた学校で、学びの機会さえつくれば、その後、襲撃は収まっているのです。

私は、自立された方々に「証言をしてほしい」と呼びかけました。苦しい経験を人前で話すというのは、勇気が要《い》るものです。だれも応じないのではないかという心配をよそに、五人の野宿経験者が応えてくれ、生笑一座が始まることになりました。

幻の第一回公演――そしていよいよステージへ

二〇一三年四月。準備が始まりました。

一座が伝えるべきメッセージは何か。そのメッセージを伝えることで、何を達成するのか。話し合いの結果、二つのメッセージが定まりました。「生きてさえいれば、いつか笑える日が来る」、「助けてと言っていい」。そして、目的は「子どもの自死を止める」となりました。

子どもや若者の自死が後を絶ちません。現在、この国の若者の死因のトップは自死です。先進国のうち、自死がトップなのは日本と韓国だけで、他国のトップは事故死となっています。ある日、突如として子どもが自らいのちを断つ。子どもは嫌ならば逃げればいい、泣けばいい、「助けて」と言っていい。しかし、「助けて」と言わぬまま子どもたちは死を選ぶ。数年前に発表された過去四十二年間の子どもの自殺統計では、九月一日だけで一三○人の子どもが死んでいます。

毎年平均で三人以上の子どもが新学期とともに死を選びます。なぜ子どもたちは「助けて」と言わないのか。私は、原因の一つは大人が「助けて」と言わないからだと考えています。私たち大人は、少しがんばり過ぎているのではないか。「がんばれば、何とかなる」と言って、歯を食いしばり、「助けて」を封印してきました。「自分の力で生きる」、それが立派な大人だと子どもたちには見えているのかもしれません。さらに「自己責任」を強調することで、「助けない理由」とした大人社会。その一員となることが「賢い社会人」であることだと子どもたちが考えていれば、「助けて」とも言わないし、「助けて」のことばを聞かないことが「賢い生き方」に思えてしまう。大人社会の現実が子どもたちを、「助けてと言ってはいけない」という結論に誤導しているのではないか。そうであれば、子どもの自死の責任は大人にあるのです。

「だれの力にも頼らず自分の力で生きていく。他人に迷惑をかけない。それが立派な大人であり、まともな人間である」と、子どもたちには見えている。しかし、それは本当か。「正直に言いなさい」と私たち大人は子どもに迫る。「正直に言ったら、赦してあげる」と。じゃあ、正直に言いましょう。子どもたちに伝えようと思うのです。

「実はね。僕ら大人もだれかに助けてほしいと思いながら生きているんだ。毎日結構つらいことがある。自分で何とかしたいと思うけれど、なかなかそうはいかない。さらに、悪いことに、大人はそれを正直に言えなくて、嘘をついてがんばってしまう。大人の世界では、負けを認めると、『負け組』なんて言われてしまうんだ。でもね、実は僕ら大人もひとりじゃ生きてはいけないんだ。けれども、それを認めることができない弱い存在なんだ。ひとりでがんばって、『助けて』も言えず、気づけばホームレスになったりして、それでも『助けて』って言えずに何年も公園の片隅でひとりぼっちがんばったりしている。寂しかった。つらかった。

そして、ある日、勇気を出して『助けて』って言ってみた。そうしたら助けてくれる人がいた。嬉しかった。ホッとした。それが本当の大人の姿なんだ。だから、君たちにがんばれって言うことは、本当はつらいんだ。」

生笑一座のおじさんたちは、正直な大人になった人々です。事実を子どもたちに伝えるために全国を飛び回ります。

公演の中身は以下のとおりです。

一、自己紹介とホームレス生活にまつわる質問を直接受ける。

二、空き缶集めの仕事の実演。

三、それぞれが語るホームレス時代。

四、『しゃぼん玉』のうたと、会場と一体となり『ひょっこりひょうたん島』を歌って踊る。

二〇一三年六月。最初の公演が決まりました。県内の小学校が呼んでくれることになったのです。準備に力が入ります。そして、いよいよ公演日が迫ったある日、学校から電話がありました。校長がホームレスの一座ということで難色を示しているとのことでした。担当の先生もあれこれ努力してくださったのですが、結局、第一回公演は土壇場で中止となりました。「ホームレスは危険」が理由でした。担当の女性教師は、「申し訳ない」と電話口で泣いておられました。生笑一座第一回公演は幻で終わりました。

八月。私は福岡県の人権教育大会に呼ばれていました。大会主催者だった福岡県同和教育研究協議会の和多則幸先生が先の事情を知って、講演の中で生笑一座を紹介してはどうかと提案してくださいました。ついに公演が決定。会場は、なんとアクロス福岡シンフォニーホール。二〇〇〇人の前での公演となりました。当日は緊張し過ぎて無口になる人、笑っている人、いろいろでした。たった三十分の出番でしたが、一座にとっては大きな一歩となりました。

その後も和多先生は準備会に参加してくださいました。先生は小学校の教師をしておられます。どうしたら子どもたちに伝わるかなど、現場ならではアドバイスを下さいました。和多先生は一座の生みの親の一人です。最初の公演の後、以下のメールを下さいました。

「知志さま。『生笑一座』の公演デビュー、とても意義深かったですね。昨日も今日も、ふとした瞬間、バイオリンの音とともに、頭の中で房野さんの『しゃぼん玉』の歌が聞こえてきます。奥田さんとの出会いが、生笑一座のみなさんとの出会いにつながりました。生笑一座のデビューに向け、参加させていただくなかで、たくさんの方に出会うことができました。僕の宝物がたくさんできました。西原さんと病気や入院時の話になりました。ガンの経過をたずねると、とても良好だということで安心しました。時々の検査もあるけど、『みんながついていてくれてるから』と、とてもにこやかに答えてくださいました。ぼくも二〇一一年八月末から半年間の、無菌室での入院生活を思い出し、西原さんの言われたことがよくわかるような気がしました。ガラス越しの面会ではありましたが、『僕の周りに、こんなに人がいたんだ』と気づけたことは、僕自身のエネルギーにもなりました。二人で歩きながら、『お互い身体に気をつけて、元気にがんばりましょう』と笑顔で励ましあいました。房野さんや松尾さん、松葉さんともたくさんお話しすることができ、『生きる』ということや『つながる』ということ、『助けること、助けられること』の意味など、たくさんのことを学ばせていただきました。教職に就き、『先生』と呼ばれて久しくなりますが、『まだまだだなあ』と恥ずかしくなるばかりです。これからも、サルではなく『人間』になるために、たくさんの出会いの中で学んでいきたいと思っています。」

最初の公演から三年が過ぎたある日、和多先生が入院されたとの知らせが入りました。そして、二〇一五年四月二十二日。和多先生は逝かれました。五十二年の生涯でした。白血病が再発したといいます。あまりに急で早過ぎる別れに私たちは絶句しました。葬儀には一座で参列。先生の写真が正面に掲げられていました。寂しかった。写真の中で笑っている先生は、「生笑一座、いいですねえ。これからも応援しますよ」と言ってくれているようでした。「先生、ありがとうございました。これからも一座を見守ってください。僕ら、がんばります」と遺影の前で私たちは約束しました。

本格始動——励ますはずが励まされ

公演中止というスタートでのつまずきは、ある種、宿命的なものを感じさせました。「一筋縄ではいかない人たち」の一座なのだから、それぐらいはあります。一座のメンバーは嘆くことも意気消沈することもなく、その後も「準備」に余念がありません。最初の公演が学校の先生の集会だったことが功を奏し、その後、公演を見た先生から公演依頼が来るようになりました。

二〇一三年十二月。北九州市立江川小学校から呼ばれました。子どもたちは、目を輝かせながら一座の話に聞き入りました。

公演の後、教室に行き、子どもたちといっしょに給食をいただきました。帰り際、正門まで多くの子どもたちが見送ってくれました。先生たちはその様子を笑顔で見守ります。なんとおおらかな学校でしょうか。子どもにサインを求められ、恥ずかしがりながらも名前と住所を書くおじさんたち。満面の笑みがこぼれる。笑える日は本当に来たのです。

公演を依頼する学校の中には、事前学習を相談してこられるところもあります。でも、「事前学習はしない」とお伝えしています。この一座は「学習」というよりも「出会い」だからです。知識としてホームレスや貧困について学ぶことは大事ですが、「学び」と「出会い」は違います。いやむしろ、本当の学びは「出会い」の中にあるのではないか。あるいは、知識は、出会いによって肉づけられなければならないと思います。「ことばは人となって、私たちの間に住まわれた」(ヨハネの福音書一章一四節)。

江川小学校の場合、一か月後に事後学習をやろうということになりました。しかし、そのための準備はしないことにしました。出たとこ勝負のやりとりでやろうということになったのです。子どもたちから思いがけない質問が飛び出します。冷や汗をかきながらおじさんたちは答えていました。出会いが重ねられていきました。

年明け、元日の朝。私が新年礼拝の準備をしていると、玄関のチャイムが鳴りました。

ドアを開けると、一座のメンバーである西原宣幸さんが立っていました。年賀状の束を持っていました。江川小学校の子どもたちから年賀状が届いたのです。「おいら、こんなたくさん年賀状もらったのは初めて」と笑顔。しばらくすると、またチャイムが鳴りました。今度は松尾壽幸さん。やはり手には年賀状。こっちも笑顔。「支える人と支えられる人」、そんな固定された区別は必要ありません。一座のメンバーが子どもたちを勇気づけ、子どもたちが一座のメンバーを元気づける。出会いとは、かくもフェアなものなのだと思わされました。

公演では、最後に一座のポストカードを配ります。準備段階で「出会った責任」について考えた結果、配ることにしました。公演で「助けてと言っていいんだ」と子どもに語るのです。実際に子どもが「助けて」と言ってきたとき、どうするのか。「出会った責任」があるのではないか。そんな議論の結果、連絡が取れるようにポストカードを配ることになりました。一座の住所、電話番号、メールアドレス、携帯ならカメラでピッとするだけでメールが打てる便利なQRコード付きです。子どもたちが「助けて」と言ってきたら、それをキチンと引き受ける。それが「出会った責任」だと一座では考えています。

もう一つの誕生秘話――抱樸館建築をめぐる住民反対運動

一座の誕生にまつわる、もう一つの物語があります。「誕生秘話」というところでしょうか。

二〇一二年三月、NPO法人 抱樸は「北九州抱樸館」という新しい施設の建築を始めようとしていました。これは、二〇〇九年に始まった「新しい地域福祉の拠点をつくる」というプロジェクトであり、この段階ですでに市民からの寄付六〇〇〇万円が集まっていました。

二〇一二年三月、計画を発表。途端に建設反対の住民運動が起こりました。それまで「がんばってますね」と応援の声をかけてくださっていた地域が一変しました。二〇一二年五月から十二月までの八か月間に十七回の住民説明会を開催するも、理解は得られません。「ホームレスは危険」、「ホームレスには障がい者が多い。何かあったらどうするのか」など、毎回偏見に満ちた厳しいことばが飛び交いました。最後には「謝罪しろ」と迫られ、私が頭を下げる。当然そんなことでは収まりません。そもそも何を謝罪しているのかわからないまま、「謝って建つものならば」と頭を下げているだけでした。そんな「心のこもっていない謝罪」など通用するわけがありません。行き詰まりの中で時間だけが過ぎて行きました。

私は自分のことばの限界を感じていました。ホームレス経験のない私のことばでは、住民を説得できないと思われたのです。時はすでに晩秋になっていました。「当事者のことばしかない」、そんな思いで、自立者である西原宣幸さんと下別府為治さんに相談をしました。この二人が、その後、生笑一座の中心メンバーとなります。西原さんは野宿十一年、下別府さんは六年。死線を越えた二人が自分のことを語ります。

不特定多数の前で自分の一番しんどかった経験を話すのには覚悟が要ります。しかも、社会はホームレスを排除し、偏見や差別に満ちています。反対住民のことばに二人が深く傷つくかもしれない。しかし二人は、「わかりました。お話ししましょう」と引き受けてくださいました。

その日、会場には五〇名ほどの住民が集まっていました。二人の話が始まりました。野宿になった経緯、当時の暮らし、死んでしまおうと思った日のこと、そして自立を決意した日。会場は静まりかえりました。二人のことばは決して流暢ではありませんでしたが、事実によって受肉化されたそのことばは、容易には否定できないものでした。それほど「威厳」に満ちていました。

西原さんは十一年間の野宿時代をどのように生き延びたかを語り、下別府さんは「建設反対の黄色いのぼり旗が、幸せの黄色いハンカチになる日が来ると信じています」と締めくくられました。話し終えると、会場から拍手が起こりました。私は内心「終わった」と思いました。私は涙があふれ震えていましたが、お二人はすがすがしく笑っておられました。

けれどもその直後、会場の空気は一変します。反対の先頭に立っていた方が、「あれは幸せの旗じゃない。反対の旗だ。それに、あなたたちのような『まともな人』はいいんだ。ホームレスの大半はまともじゃないでしょう。そういうまともじゃない人に来られたら、困るんです」と反論が始まりました。二人から笑顔が消えました。「やっぱり駄目か」と私が思いかけたとき、西原さんが再び語り始められました。

「私は、先ほどお話ししたように、十一年間野宿をしていました。何度もＮＰＯの皆さんが訪ねてくださったのに、『せからしい（鬱陶しい）。来るな』と言い続けました。まともじゃないと言うなら、まさに私自身がまともじゃない人間でした。でも、私は変わることができたんです。」

会場は再び静かになりました。そしてその後、いつもどおり、「ともかく奥田は謝れ」ということになって、「すいません」と心なく謝り、解散となりました。

今回の施設は主に、ホームレスから自立した方々の「終《つい》の棲家《すみか》」であると同時に、地域に暮らす困窮・孤立状況の方々をも支える福祉の拠点を目指していました。そのことを説明しても、「自立しても、所詮元ホームレスじゃないか」と反論されます。「所詮元ホームレスではないか。」このことばは、冷たく重く当事者にのしかかっていました。

さすがにその夜は眠れず、西原さん、下別府さん、そしてＮＰＯのスタッフたちと夜遅くまで話し合いました。「野宿になった。何が悪い。何が違う。なんで差別する。所詮元ホームレスとはなんだ。だれがいったいまともなんだ」と激怒する私を、二人が慰めてくださいました。

生笑一座が誕生したのは、あの説明会の半年後。一座誕生には、あの日の出来事が大きく影響しています。あの日、私は「当事者のことば」のすごさを知りました。二人は、私にはとうていできない話をしていました。死線を越えてきた分、何とも言えない優しさがあります。これが、生笑一座の隠された誕生ストーリーです。

無駄ではない——新しい価値の創造

あの日、二人は二人にしかできない話、ホームレス経験者だけが語りうることばを語ってくださいました。社会は、ホームレスを「マイナス」とのみ評価します。実は、そのことは当事者も同じで、自立後、「ホームレスだったこと」を隠して暮らす人は少なくありません。喜んでホームレスになる人はいないし、できればならないほうが良いでしょう。しかし、ホームレス時代を生き延びた人には、「特権的なことば」が確かにあるのです。それは、あえて「能力」と言ってよいでしょう。私には「見えない」世界が彼らには「見え」ており、私には語ることのできないことばを彼らは「語る」。たとえ私が同じことばを語ったとしても、意味や深みが違います。これはすごいことではないでしょうか。

「元ホームレスだけど語れる」ではありません。「ホームレスだったから語ることができる」のです。ホームレス経験をキャリア化する。この「能力」を最大限に生かし、今日生きる希望を失っている人、特に子どもたちに聞いてもらう。それが生笑一座です。

西原さんは公演の中で子どもたちにこう語りかけます。

「二度とホームレスになりたいと思わない。けれど、ホームレスをしたことは決して無駄じゃないと今は思える。なぜなら、助けてもらう喜び、だれかを助ける楽しみを知ったから。『生きていれば笑える日が来る』。嘘だと思うでしょう。でも、死ぬことしか考えていなかったおじさんが、こうして笑って皆さんの前でお話しできる。これこそが証拠だと思います。」

どの会場でも、この西原さんのことばに子どもたちは聞き入っています。西原さんのこのことばを引き出したきっかけは、ほかでもない住民反対運動でした。ホームレスだったこと、そして、つらかった住民説明会。しかし、神様は何一つ無駄にはされません。

これまで「ホームレス」といえば、「支援を必要としている人」あるいは「弱い人々」と世間では思われてきました。専門家になるほど、その傾向(思い込み)は強くなります。支援現場は、「助ける人」と「助けられる人」を明確に区分します。けれども、「自分は支えられた側だ」と自他ともに認めていたおじさんたちが、ある日、今度は支える側に回る。その根拠は「あの日、助けられた経験」であり、「つらい過去」にほかなりません。「価値がない」と思われた自分の過去、「否定してきた」過去がだれかの役に立つ。これほど逆説的でおもしろいことはありません。

子どもたちは、おじさんたちの話をよく聞いてくれます。そして、それ自体が同時におじさんたちに生きる意味を与えます。先述の子どもたちからの年賀状の一件しかり。生笑一座は「絆の円環運動」であり、「絆の相互性」そのものなのです。「助けて」という叫びに、だれかが応えてくれたなら、自分は尊重されていることを実感できます。自尊感情です。しかし、それだけでは人は本当には元気になりません。だれかから「助けて」と言われたとき、自分は必要とされていると実感できます。自己有用感です。自尊感情と自己有用感の両立。それが生笑一座なのです。

社会は舞台のようなものです。社会的排除は、舞台から人が降ろされる事態だと言えます。降ろされると役（割）とセリフがなくなります。しかし、舞台に復帰できれば、セリフが与えられ、役（割）が生まれます。登場人物が多い舞台はいっそう良いでしょう。当初悪役として登場した人が、いずれ味方になる、そんな展開のドラマはさらに盛り上がります。「反対住民」が支援者になる日が来る。なぜならば、人は変わるからです。そう、西原さんや下別府さんのように、です。「野宿経験」を武器にする名優がいてよいのではないでしょうか。他のだれにも演じることができないその役を見事に果たしていくのです。

「助けて」と言えた日が、助かった日

一座の公演内容について少し紹介します。

下別府為治さんは、離婚がきっかけで生活が崩れ、野宿になりました。苦しかった日々について彼は子どもたちに語りかけます。

「最初に言いたいことは、私はこうして今、本当に生きていてよかった。これからも精いっぱい生きようと思っています。

私は、離婚のショックから生活が乱れるようになり、家族の絆が切れて、酒におぼれ、借金も増えました。何も手につかず、荒れ放題の生活が続き、挙句の果てには鹿児島から夜逃げをし、福岡に出て来ました。二～三日はお金もありましたが、すぐに底をつき、どうにもならなくなりました。自分の責任なので、自分で始末するしかないと思いました。私は免許証など身元のわかるものをすべて池に投げ捨てて、山に登りました。だれにも知られずに、死んでゆきたいと思ったのです。だんだんと、あたりは暗くなり、私はカッターナイフを取り出し、首に当てました。しかし、死ぬことができませんでした。心の中にだれかの声で、『まだ来るんじゃない。まだ来るんじゃない』という声が聞こえました。恐ろしくなり、気がついたときには、ナイフを投げ捨てて走り出していました。そして、野宿になりました。野宿生活は厳しいものでした。何も食べられない日もありました。テントに花火を投げられ、全焼したこともありました。テント暮らしは、五、六年続きました。

私は長い間、『助けて』と言えませんでした。しかし世の中には、助けてくれる人がいたんです。『助けて』と言えた日が、助かった日でした。だから、皆さんも、苦しいことや悲しいことがあったら、『助けて』と言ってほしいのです。……何も恥ずかしいことじゃない、何も甘えているわけじゃない……素直に、『しんどかった』と言っていいと思います。」

子どもたちは真剣に下別府さんの話を聞いています。

唯一の女性メンバーの幸枝さんは一座の歌姫です。

「皆さん、しゃぼん玉のうたを知っていますか。このうたの歌詞をつくったのは野口雨情《のぐちうじょう》さんです。歌詞をちょっと読んでみましょう。

『しゃぼん玉　飛んだ
屋根まで　飛んだ
屋根まで　飛んで
こわれて消えた
しゃぼん玉　消えた
飛ばずに　消えた
生まれて　すぐに
こわれて　消えた

風　風　吹くな
しゃぼん玉　飛ばそ』

ちょっと悲しい感じがしますね。実は、雨情さんの娘さんは、生まれてすぐに死んでしまったのです。『生まれて　すぐに　こわれて　消えた』というのは、自分の娘さんのことでもあるのです。野口雨情さんは、子どもが死んで、とっても悲しかったのです。みんなはどうかかな。死んだら悲しい。だれかがとっても悲しい思いになるよ。死んだらいかんよね。生きようね、生きていれば、いつか笑える日が来る。実は、私も住む家がなくなってしまったことがあります。そのままだったら、死んでしまったかもしれません。

本当に困りました。そのとき思い切って『助けて』と言いました。そしたら、何人もの人たちが助けてくれたのです。困ったときは、『助けて』と言おうね。そしたら、きっと大丈夫。生きようね。」

そして彼女は『しゃぼん玉』を歌います。涙を流す子どもがいます。

「助け、助けられる」ということは人間の本質なのです。聖書は言います。

「人がひとりでいるのは良くない。わたしは人のために、ふさわしい助け手を造ろう」（創世記二章一八節）。

この現実を否定し、ごまかす社会はもはや社会ではありません。ひとりでは生きていけません。その人の真実が、社会、つまり人と人とが関わる仕組みを生み出しました。死さえも覚悟した人々が、最後の最後に「助けて」と勇気を出して言いました。恥ずかしいことなんかじゃない。それが人間そのものだからです。本当の誇り高き大人とは、「助けて」と言える大人です。それこそがとても美しく素敵であり、人間らしいのです。人が人であり続け、社会が社会であり続ける。そんな当たり前のことが揺らいだ現代において、生笑一座の果たす役割は決して小さくはありません。かつて死んでしまおうと思った人が、今ではだれかのために生きている。生笑一座そのものが希望なのです。

公演の最後は『ひょっこりひょうたん島』。子どもたちと歌って踊ります。

「丸い地球の水平線に、何かがきっと待っている。オウ！」

そうだ、何かが待っているんだ！

「苦しいこともあるだろさ（ハイ）。悲しいこともあるだろさ（ハイ）。だけど、僕らはくじけない。泣くのはいやだ、笑っちゃおう。進め！」

泣けるなあ〜。生きていれば、出会える。生きていれば、いつか笑える日が来る。嘘じゃない、現にあのおじさんたちは笑っているではないか。だから勇気を出して、「助けて」と言おう。とにかく笑いたい。楽しいから笑うんじゃない。それを待っていると、なかなか笑えない。とにかく笑う。笑っていると楽しくなるんだ。

「笑っちゃおう！　進め！　生笑一座!!」

傷ついた者たちの希望

最後に、生笑一座のことを聖書から考えます。

預言者イザヤは、救い主をこのように描いています。

「彼には見るべき姿も輝きもなく、
私たちが慕うような見栄えもない。
彼は蔑まれ、人々からのけ者にされ、
悲しみの人で、病を知っていた。
人が顔を背けるほど蔑まれ、
私たちも彼を尊ばなかった。

まことに、彼は私たちの病を負い、
私たちの痛みを担った。
それなのに、私たちは思った。
神に罰せられ、打たれ、苦しめられたのだと。
しかし、彼は私たちの背きのために刺され、
私たちの咎のために砕かれたのだ。
彼への懲らしめが私たちに平安をもたらし、
その打ち傷のゆえに、私たちは癒やされた。」（イザヤ書五三章二〜五節）

イザヤが想定する救い主は、「見るべき姿がない」、「輝きもない」、「慕うような見栄えもない」、「蔑まれ」、「のけ者にされ」、「悲しみ」、「病を負い」、「罰せられ」、「打たれ」、「苦しめられた」、「刺され」、「砕かれた」、「懲らしめられた」人でした。「散々」とはこういう状況をいいます。「これでもか」と言わんばかりにひどいことばが並んでいます。けれども不思議なことに、聖書は、私たちが通常考える「栄光」や「救い」とは正反対のこのような「散々」な状態に、いわば「救いなき現実に身を置く彼」に救い主を見ます。彼は「その打ち傷のゆえに」私たちを癒す存在となるのです。

さらに、この救い主のイメージは、新約聖書において徹底されます。イエス・キリスト

ご自身です。あのイザヤのことばが成就したかのように、イエスは十字架において苦しめられます。イエスご自身、弟子たちにこのように語っておられます。「人の子は多くの苦しみを受け、長老たち、祭司長たち、律法学者たちに捨てられ、殺され（る）」（マルコの福音書八章三一節）と。また、「その打ち傷のゆえに、あなたがたは癒やされた」（ペテロの手紙第一、二章二四節）とイザヤ書を踏襲するように、イエスの十字架が理解されています。

生笑一座は、神ではありません。当然、救い主でもなく、彼ら自身がイエス・キリストの十字架の贖いを必要とする「罪人」であることは間違いありません。しかし、救い主が「栄光」の中ではなく、十字架に現れたことは、苦難に生きる人々をどれだけ勇気づけたことでしょうか。さらに、それは単なる「苦難からの解放」や「癒しの奇跡」を意味しませんでした。苦難がなくなることを私たちは望みますが、実際にはなかなか消えてなくなりません。多かれ少なかれ私たちは、人生の十字架を背負って生きていくしかありません。苦難の除去を「救い」とするのが宗教であるのなら、キリスト教が「ご利益宗教」であることは否定すべきではありません。しかし、十字架がキリスト教の本質であるのなら、苦難の除去にのみ救いを見るのではなく、苦難とどう向き合うのかということに、もう一つの宗教の本質を見なければならないように思うのです。

浅野順一という旧約聖書学者は、かつて『ヨブ記――その今日への意義』（岩波新書）

という本の中でこのような聖書宗教の本質を言い当てています。

「しかし人間一人一人の生活や心の中には大なり、小なり穴の如きものが開いており、その穴から冷たい隙間風が吹き込んで来る。その穴は或る場合は大きく、或る場合は小さく、また浅い場合、深い場合さまざまである。例えば病弱であるということも一つの穴であろう。

その穴を埋め、隙間風のはいらぬようにすることも大事であり、宗教がそれに無関係だとはいい得ない。しかし同時にその穴から何が見えるか、ということがもっと重要なことではないであろうか。穴のあいていない時に見えないものがその穴を通して見える。健康であった時には知り得なかったことを病弱となることによって知り得る。……

しかるに我々はその穴を早く埋めることに心を奪われ、穴がなければ見えぬものを穴を通して見るという心構えを疎かにし、それを問題にさえしないということになり勝ちであるがそれで良いか。

人間の持つ穴を信仰によって埋めるということも宗教の一つの機能であって、それを一概に否定してしまうわけにはゆかない。通俗的にいえば『ご利益宗教』が宗教として充分に成り立つことを認めなければならぬ。しかし宗教がご利益の面のみを主として強調する時、穴を通して見るべきものを見失うということになり、それはその宗教の重大な欠陥といわねばならぬであろう。聖書の宗教は穴を埋めるということと共に穴を通して何かを見るということに重点を置くのである」（二三〜二四頁）。

生笑一座は、苦難を経験した人々がその苦難を除去され助かったということだけを言いたいのではありません。最も苦しかった日のことを正直に語り、その日々を振り返り、「それも無駄ではなかった」と語っているのです。苦難の意味を再解釈しようとしているのです。それこそがまさに、「現在、生きづらさを抱える子どもたち」に希望を与えます。神様がなさることは、「だれの目にも明らかな幸福を通じて人に希望を与える」ということもありますが、そうではなく、十字架を通して希望を示すということがあるのです。

「光は闇の中に輝いている」（ヨハネの福音書一章五節、傍点筆者）。

生笑一座が示す希望は、「十字架の恵み」です。直截的に「栄光」や「利益」を求める現代社会においては、十字架の救いは、まさに「ご自分を隠す神」（イザヤ書四五章一五節）であり、理解できないかもしれません。しかし、十字架を通して見える事柄の中に、本当のことが含まれるのです。生笑一座が指し示す地平は、十字架へとつながっているように思います。

あなたは、もう生笑一座を見られましたか？

あなたはわたし――「お互い貧乏人同士じゃねえか」

絶望の闇の中にいた人々が笑うようになる。この事実は、私にとって大きな希望でした。そして、何よりも暗い谷底に取り残されたように生きる人々にとっての光でした。

一連の文章に登場する方々のほとんどを仮名として紹介しました。すでに亡くなった方もおり、ご本人の了解を得ることが困難な方々も多く、個人情報やご家族のことなどを考えると、仮名とせざるをえないのが現実です。しかし実のところ、私はすべての登場人物のお名前を「奥田知志」にしたかったのです。そんなことをすると、「奥田さんが奥田さんに出会いました」、「奥田さんが奥田さんにこう言いました」など、わけがわからなくなります。けれども、そんな気持ちで書いたのは事実です。

なぜ「奥田知志」にしたかったのか。出会ったお一人お一人の中に「自分自身」を感じることがしばしばあったからです。それは人の本質に関わるようなもので、決して「他人事」ではすまされないものを、繰り返し相手の中に見てきたように思うからです。実際は、個々人全く違う人格ですし、歩んできた人生、歴史、背景も違います。何よりも私自身が

「野宿」を経験しておらず、本当の寒さも、ひもじさも、そして深い絶望感や、どうしようもない寂しさも経験したことがありません。この点では確かに全く違うわけです。しかし、出会った方の中に、とうてい「他人事」とは思えない私自身の現実を見ることが確かにありました。「とんでもない人だ」と思っていたその人と付き合っていくうちに、「彼は僕だ!」と思う瞬間が訪れる。「助ける側」と「助けられる側」のような区分など関係なく、「僕自身」と同じだと思うようになっていきます。

現代社会は自己責任論に傾倒し、その結果、多くの人々が孤立していきました。人と関わることを「危険」あるいは「損」だと考えて、なるべく関わらないように生きていく。関わらない理由として「それは、あなた自身の責任だ」と言い切る。それが自己責任論社会であり、その結果、社会の無縁化を進めたのです。このような無縁社会の招いた最大の問題は、他者との関係を喪失することによって、自分自身を見失ったことだと思います。なぜならば、私たちは、他者との関係において自分を見いだし、あるいは自分の存在意義を見いだすからです。

では、自分を取り戻すには、どうしたらよいのでしょうか。単純です。無縁社会の逆をやればよいわけです。他者と出会うこと、共に生きることです。そのとき、他者は自分を映し出す鏡のような存在となります。自分と他者が重なっていく、それを「出会い」といいます。

とかく福祉や医療、あるいは困窮者支援の現場では、「クライアント（当事者）との距離」が強調されます。確かに専門家が支援者と同化すると、支配的になり、客観的な判断ができず、問題が生じます。パターナリズム（父権主義）といわれる状態です。かつて家父長的な家制度が強かった時代、父親が家族を守るという意識の中で、結果的に家族を支配してしまうということが起こりました。同様に専門家が「自分がこの人を救うのだ」という使命感を抱くのは悪いことではありませんが、それが支配の関係にならないように一定の距離を置くことを心がける必要があります。それが「クライアントとの距離」です。

けれども私は、あえて相手と自分を重ねることを肯定的にとらえています。相手の中に存在する自分との同質性を見いだすのです。「クライアントとの距離」などと言ってはいられない、相手と自分が重なり合うような出会いが大事だと思ってきました。

出会いの中で、相手のことが赦せないと思う瞬間があります。「嘘だろう」ということが現実に起こります。裏切られたり、だまされたりも珍しいことではありません。「自分なら絶対にしない」と思うことをやってしまう人がいます。「こんな人は信じられない」、「赦せない」と思います。その結果、「その人自らが招いた結果だ。自己責任だ」と切り捨てる。世の中的には、よくあることです。そのような「縁切り」を可能にするのは、「私とその人とは違う」という意識そのものです。しかし、なぜ私たちは、「その人」のことをそんなにも怒り、赦せないとまで思うのか。それは、その人の中に自分自身、あるいは自分と同質の何かが見て取れるからではないのか。私はそんなふうに感じることがあります。

「さばいてはいけません。自分がさばかれないためです。あなたがたは、自分がさばく、そのさばきでさばかれ、自分が量るその秤《はかり》で量り与えられるのです。あなたは、兄弟の目にあるちりは見えるのに、自分の目にある梁には、なぜ気がつかないのですか。兄弟に向かって、『あなたの目からちりを取り除かせてください』と、どうして言うのですか。見なさい。自分の目には梁があるではありませんか。偽善者よ、まず自分の目から梁を取り除きなさい。そうすれば、はっきり見えるようになって、兄弟の目からちりを取り除くことができます」(マタイの福音書七章一～五節)。

これは『新改訳２０１７』からの引用です。イエスは、自分のことは棚に上げて、他人のことをとやかく言うのはやめなさい、と言っておられます。しかも、自分が抱えている問題や課題のほうが、その相手が抱えているものよりもずっと大きいではないか、と。ここでは、「ちり」と「梁」がたとえとして使われています。「他人の中にある『ちり』ほどの小さい問題を指摘するあなただが、自分の中の『梁(柱の上にはり渡し、屋根を支える材)』のように大きな問題を放置するとはどういうことか」とイエスが問うておられるように読めます。

この同じ箇所を新共同訳は次のように訳しています。

「人を裁くな。あなたがたも裁かれないようにするためである。あなたがたは、自分の裁く裁きで裁かれ、自分の量る秤で量り与えられる。あなたは、兄弟の目にあるおが屑は見えるのに、なぜ自分の目の中の丸太に気づかないのか。兄弟に向かって、『あなたの目からおが屑を取らせてください』と、どうして言えようか。自分の目に丸太があるではないか。偽善者よ、まず自分の目から丸太を取り除け。そうすれば、はっきり見えるようになって、兄弟の目からおが屑を取り除くことができる。」

「ちり」と「梁」が、新共同訳になると、「おが屑」と「丸太」となっていることがわかります。こうなると、単なる大きさの問題ではなくなります。「おが屑と丸太」ですから、大きさの差はあれど、どちらも「木」からできており、つまり「同質」のものを互いがもっていることになります。他者のことがどうしても気になる、赦せないと思うのは、相手の中に自分が抱えている同質の問題を感じるからではないかと私は考えます。相手の「おが屑」を嫌悪するのは、自分の中にある「丸太」に対する嫌悪からきているのではないか。私は、そんなふうにこの箇所を読みたいと思います。その点で、新共同訳のことば遣いは意味深だと言えます。

人は、なぜその人を「赦せない」と思うか。それは、相手の中に自分が抱えている問題や嫌な部分を見いだすからです。だから過敏なほどに「おが屑」程度の問題が気になって反応するのではないか。自分自身が嫌悪している「自分のこと」を相手の中に見いだし、看過できないと思ってしまう。自分のことが「嫌い」という人は、増えているように思います。特に若者たちに多い傾向です。自分を見てイライラするのは、その人の中に嫌いな自分を見いだすからなのでしょう。落ち着いて考えてみると、それは日ごろ自分に対して抱いているイライラそのものだったりするのです。

イエスは「自分を愛するように、あなたの隣人を愛しなさい」と言われました。しかし、このことばはもともと、「自分自身のように、あなたの隣人を愛しなさい」ということばです。「愛する」ということばは一回だけ登場します。これは、自分と相手を一つの愛が結びつけるということだと言えます。ある意味、自他の区分を超える、それが「愛」なのだと思います。もし相手の問題や弱点、嫌な部分に対して、「それは僕自身の問題と同じだ」と言えたならば、私たちはもう少し優しくなれそうです。

困窮者支援は、「正しく強い人」が「間違った弱い人」を助けることではありません。そうではなく、「同じ弱さをもつ人がお互いに出会うこと」です。私は映画『男はつらいよ』が好きです。厳しく相手を断罪している人に対して寅さんが「お互いに貧乏人同士じゃあねえか。えー、もう少しいたわりあったらどうだ」と諭す場面があります。そうなのです。お互い貧しい人間なのです。私たちは、すべて神様の前に罪人として生きているのであり、赦しを必要としない人はいません。「義人はいない。一人もいない」（ローマ人への手紙三章一〇節）は事実です。「貧しい人たちは幸いです」（ルカの福音書六章二〇節）というイエスのことばに、寅さんの「お互い貧乏人同士じゃねえか」ということばが私の中で重なります。「あなたはわたし」――この認識が無縁化する現代社会において、もう一度私たちが共に生きていく希望を与えるのだと思います。

一喜一憂しない――スケールの問題

僕は小学生のころ、「肥満体」ということばに傷ついていた。小学校五年生で体重五五キロは確かに「肥満」だ。身体検査の日は最悪で、体重計をのぞきに来る友人たちを怖れていた。運動会。当時の学校は、足の速い子どもから順々にスタートするようになっていた。最後に残ったグループは、僕と同じような体形の子どもばかりが並んでいた。確かに「その中」でがんばれば、一等賞にもなれるチャンスはある。しかし「所詮その中」にすぎないことが痛かった。かといって、「ごちゃまぜ勝負」だと、絶対に勝てない。大人たちの「配慮」に少年の僕はひどく傷ついていた。最近「肥満児」や「肥満体」ということばは聞かないが、それは少年時代の僕にとって忘れることのできない「痛いことば」なのだ。

そんな五年生の秋のこと。滋賀県大津市は僕の故郷。東海道五十三次のゴールである京都「三条大橋」の一つ手前が「大津宿」。この二か所を結ぶ交通の要所が「逢坂山」で、「これやこの　行くも帰るも　別れては　知るも知らぬも　逢坂《あふさか》の関」と百人一首で読まれたあの逢坂である。

峠である逢坂山には、大津警察署の「逢坂山検問所」があった。そこにはトラックの重量を調べる測定器が設置されていた。時折、警察官が積載量超過を取り締まっていたことを覚えている。道路の一角に大きな鉄板が敷かれた部分があり、それが秤《はかり》でいうと上皿の役割をしていた。その上にトラックごと乗せる。すると、その前にある大きな目盛りのついた秤が動いて、重さがわかるのだ。

僕が訪れたその日は、取り締まりは行われていなかった。それで、「肥満児」の僕は、恐る恐るその鉄板に乗ってみたのだ。なんのことはない。針はピクリとも動かなかった。ひと目盛りが一トンの秤なのだから、僕が乗ったぐらいで針が動くはずはない。当然の結果なのだが、僕はホッとしていた。あのころの僕は、身体検査のたびに体重が一グラム増えては脅え、減っては喜んでいた。体重計の目盛りの動きに一喜一憂していた。そんな僕には、逢坂山検問所の重量計は実に慰めだった。あの日、僕は心の中でつぶやいていた。「なーんや、たいしたことないやないか。」小さな秤に翻弄されていた自分がバカみたいに思えた。

「スケール」は「秤《はかり》・尺度」のこと。どんな「スケール」で生きるのか、何を「スケール」とするのか。それは、生きるうえでたいへん重要な事柄だ。信仰とは、この「スケール」に関わる問題だと思う。ルカの福音書二四章一三節以下には、イエスの十字架刑の後、エマオへと逃げる二人の弟子の姿が描かれている。復活したイエスが近づいて、「何を話しているのか」と尋ねるが、二人はそれがイエスとは気づかない。弟子は、「近ごろエルサレムで起こったことを知らない」旅人にあきれる。さらに旅人（イエス）が「どんなことか」と尋ねると、弟子たちは三日前に起こった悲劇、イエスが十字架で殺されたことについて語り始めた。すると旅人（イエス）は「ああ、愚かな者たち。心が鈍くて、預言者たちの言ったことすべてを信じられない者たち。キリストは必ずそのような苦しみを受け、それから、その栄光に入るはずだったのではありませんか」と言い、そして「モーセやすべての預言者から始めて、ご自分について聖書全体に書いてあることを彼らに説き明かされた」（二七節）。その後、弟子たちはこの旅人（イエス）を引きとめ、いっしょに宿に泊まってもらうことにしたが、食事の時、旅人（イエス）がパンを裂いたのを見て、それがイエスだと気づく。途端にイエスの姿は消えてしまった。「道々お話しくださる間、……私たちの心は内で燃えていたではないか」（三二節）と互いに語り合う弟子たち。このことに勇気づけられた彼らは、逃避先のエマオではなく、迫害の地エルサレムへと戻って行った。

落ち込んでいた弟子たちの心を燃えさせたのは何であったのか。そこには「スケール」の問題があった。弟子たちは「近ごろ」（一八節。新共同訳「この数日」）起こったことを思い、悲嘆に暮れていた。彼らは「近ごろ（この数日）」の出来事に意気消沈していたのである。彼らの「スケール」は三日間という実に小さなものだった。これに対してイエスは、

「それを言うなら、モーセから始めて聖書全体から考えるべきではないか」と言われる。十字架の出来事を昔々の預言者モーセから始まる神の救済史という大きな「スケール」でとらえよ、と言われるのだ。両者には「スケール」の違いがあった。

十字架の出来事を「数日」でとらえるのではなく、「モーセから始まる神の歴史」から把握する。つまり、聖書全体、神の歴史、神の救済史という大きな「スケール」からひも解くことが大事だった。イエスは言われる。「そんな数日なんて、小さな『スケール』で勝負をしたらだめ。数千年に及ぶ神の歴史という大きな『スケール』でとらえなさい」と。

ときとして私たちは、小さな「スケール」に合わせて事柄をとらえ、考え、悩み、絶望する。「何を話しているのか」とのイエスの問いに、「あなたは何があったか知らないのか」と答える弟子たちは、いかにも「自分はわかっている」と言わんばかりだ。しかし、彼らはわかっていなかった。絶望している者の「スケール」は小さく貧しい。「スケール」が小さいから、すぐにわかったような気になり、その結果絶望する。でも、それは真実を根拠としているか。

エマオへの道、すなわち「絶望の旅」の途上でイエスと出会いたいと思う。「それじゃ小さ過ぎる。こっちを使いなさい」と大きな「スケール」を持ち出すイエスに従い、自らの人生をとらえ直したい。あの日、逢坂山で、大きな「スケール」に乗った僕が、「なーんだ、たいしたことないじゃないか」と思えたように。

ところで、イエスが語った「モーセから」のモーセとは、イスラエルの人々が奴隷とされていたエジプトからの脱出の中心人物である。「この後モーセのような預言者は起こらなかった」と言われるイスラエルの最大の預言者である。しかし、彼の最期は私たちの目からすれば奇異である。神がモーセに告げたのは、「わたしはこれをあなたの目に見せたが、あなたがそこへ渡って行くことはできない」(申命記三四章四節)。モーセは、奴隷の地エジプトからイスラエルの人々を導き出した英雄である。そのモーセが神が約束された地カナンに着けないのだ。そればかりか、モーセの墓を知る者もないという(同六節)。それが彼の人生の結末だった。モーセの人生とはいったい何だったのか。何のためにモーセは四十年近くの苦難の旅を続けてきたのだろうか。

私たちはここで再びあの「スケール」の問題に戻らなければならない。私たちは、「意義ある人生だった」と振り返る日が来ることを期待している。目的を達成したとき、人は「意義ある人生だった」と人生を振り返る。それがうまくいかないと、「道半ばにして……」と悔やむことになる。

だが、そんな私たちにイエスは近づき、「そのスケールでいいか? モーセから始めなきゃダメなんじゃないか」と語りかけられる。モーセは自分の人生の目標のために生きたのではない。自分の小さな「スケール」で測ってはいなかった。彼は神の計画に参与していたのであり、その神の圧倒的な「スケール」の中で自らの人生をとらえた。百二十年に及ぶ生涯（モーセは百二十歳まで生きた！）をもってしても完成しない壮大な神の計画に参与したのだ。モーセはその大きな「スケール」の一部分を担った。約束の地に到着できなかったことは彼にとって心残りであったろうが、神の計画は次代のヨシュアへと受け継がれた。神の歴史を自らの「スケール」として生きる者は、自らの目標が達成できるか否かという小さな「スケール」から解放される。そして大河のごとき神の歴史の中に生かされたことを喜ぶ。

私は、神の歴史を生きることを献身と呼びたい。献身者は自己の目標達成のために奔走しない。だから一喜一憂もしない。私たちが担うのは神の歴史の一部にすぎない。一部で十分ではないか。だから、「すべてを神にささげる」などと大袈裟に言うこともしない。自分にできることをするだけだ。もし「すべてをささげた」としても、それは神の歴史のほんの一部に役立ったにすぎないからだ。自分の「スケール」を断念し、神の「スケール」に生きるのだ。今までの「スケール」を凌駕する大きな「スケール」でもって、私のような小さな存在が、大きな物語の中で生かされていることを知ろうと思う。行き（生き）詰まったら、「モーセから始めて」見直すのだ。私の小さな「スケール」では計り知れない神の計画が示される。そのとき、弟子たち（献身者）は歩み始める。たとえそれが迫害の地、十字架の地エルサレムへと続く道であったとしても。大きな物語に包まれて私たちは生きたい。大きな「スケール」で歩みたいと思う。

だれかに謝ってもらいたかった

二十年前、長女が生まれたちょうどその時、潰瘍性大腸炎であると診断されました。難病でした。幸い現在は回復していますが、健康診断ではいつも引っかかります。以来、焼肉を食べるとお腹を下すようになりました（が、それでも焼肉を食べる自分にあきれています）。

当時、二週間に一度、超満員状態の総合病院で順番を待っていました。二時間近く待たされ、ようやく診察。しかし、毎度「内視鏡検査」というわけにもいかず、だいたい医師は「どうですか」と尋ねてこられ、私が「別に変わりありません」と答える。「じゃあ、もう少しお薬飲んでみてください」で終わる（えっ、それだけ！）。二時間待って、約二分間の診察。

出血が続く病気でヘトヘトになっており、そのうえ待たされ、イライラしていたのでしょう、その日の私は相当不機嫌な顔つきであったに違いありません。それを察知した先生は、「……じゃあ、血液検査しましょうね」と少しサービスしてくださいました。

しかし、ここからさらに一時間ほど待たされます。血液検査室の前の廊下はすでに人であふれています。「次、山田さ〜ん！」がしかし、返事なし。何度も看護師さんが呼ぶ。「ヤマダ、どこ行っとんねん。そんな奴は飛ばしてまえ」と廊下中の心の声が聞こえそうな雰囲気です。そこに「はーい」と山田さんが登場。どうやら売店に行っていた様子。片手に何やら袋を提げています。「何やってくれてんねん。」内心そんな思いになってしまいます。

「次、奥田さん！」やっと順番が回ってきました。返事もせずに着席。イライラはピークに。看護師は、このうえ私に針を刺そうとしています。「痛いですよ〜。」「わかっとるわ！」憮然としつつ手を出す。そのとき、看護師さんが私にこう言うのでした。「ずいぶん待たせてごめんなさいね。少し痛いですよ。本当にごめんなさい。は〜い、痛かったでしょう。ごめんなさいね。」

ハッとする。「こちらこそごめんなさい。いやいや、看護師さんは何も悪くはないのです。病気になったのは私自身であって、患者さんが多いのも仕方のないことなんです。何より私もその患者の一人なのです。主治医が怠慢なわけでもないのです。毎回検査されても困るわけだし、『どうですか』には悪意などないこともわかっています。何より看護師であるあなたは、私を痛めつけるために針を刺そうとしているのではないことも知っています。そもそも採血するのは私のためです。あなたが謝ることはないのです。」看護師さんの「ごめんなさいね」を聞きながら、心の中で反省する。

しかし、その朝、私はどうしようもなく、やり場のない怒りのようなもの、納得できない苛立ちを感じていたのです。そんな私は、「だれでもいいから謝ってもらいたかった」。私には「ごめんなさい」が必要だったのです。病気になって、しかも難病で、もっていき場のない感情が、怒りとイライラが、私の中にうごめいていました。だれでもいいから私の怒りを引き受けてほしかった。お門違いであることは百も承知。でも「ごめんなさい」が、あの日の私には必要だったのです。

人は、ときとして引き受けてもらうことが必要なのです。それは、事実上の責任関係があるとか、ないとかの問題ではありません。全く関係のない私のイライラやしんどさ、この怒りをだれかに引き受けてもらいたかったのです。だれでもいいから謝ってほしい。そんな日が人生にはあります。あの日、私は、看護師さんの「ごめんなさい」に救われたのです。

イエス・キリストという神は何であったのか。それは、全くの赤の他人である私の負うべき、私の十字架を引き受けてくださった神でした。あの「ごめんなさいね」の究極の姿、それが十字架のイエスだったのだと思います。

アサガオは闇の中で咲く――クリスマスを迎えて

五木寛之さんのエッセイに「アサガオは夜明けに咲きます」という一文があります。

「アサガオの蕾は朝の光によって開くのではないらしいのです。逆に、それに先立つ夜の時間の冷たさと、闇の深さが不可欠である……。ぼくにはただ文学的なイメージとして、夜の冷たさと闇の深さがアサガオの花を開かせるために不可欠なのだという、その言葉がとても鮮烈にのこってしまったのでした」（『生きるヒント――自分の人生を愛するための12章』角川文庫）。

私は五木文学に、ある種の闇を感じることがあります。それは、この方の引き揚げ体験が大きく影響しているのかもしれません。

昭和二十一年（一九四六年）九月、五木さん一家四人は朝鮮半島の平壌を出て、開城に向かいました。五木さんが十四歳の時のことです。幼い妹と弟を連れた避難でした。そのときの様子を五木さん自身、次のように述べておられます。

「そして二回目の脱出行で、平壌と三八度線の中間にあった沙里院のガードポイントをトラックで突破するときでした。それまで何度も止められましたが、そのたびに時計や万年筆などの貴重品を渡して、見逃してもらっていました。それがここでは女を出せと言われた。これは本当に困りました。若い娘はまずい。子持ちはダメ、あまり年上もよくないということで、結局は元芸者さんなどの水商売をしていた女性や、夫や子どもを失った未亡人に、みんなの視線が自然と集中するのです。そのうちリーダー役の人物が土下座して『みんなのためだ、行ってくれ』と頼んだ。みんなから射すくめられるように見られるのですから、その女性は出て行かざるをえません。そうやって女性を送り出していった人間が、生きのびて帰ってきたわけですから。……さらにひどいことに、女性が明け方、ボロ雑巾のように帰ってくると、『ロシア兵から悪い病気をうつされているかもしれないから、あの女の人に近寄っちゃだめよ』と、こっそり子どもに言う母親がいた。本来であれば手をとってお礼を言ってもいいのに、そういうことを言って蔑んだ目で見る。戻ってきた女性の周囲には誰も近寄らないのです。私は日本人でありながら、日本人に対する幻滅が強く涌いて、いまも後遺症が消えません」(『文藝春秋』二〇〇七年五月号)。

戦後も続く深い闇（後遺症）のただ中で、五木さんの文学はアサガオの花のように咲いたのでした。

闇が私たちを包む日、「すべてが終わった」とつぶやくとき、私たちは思い出したいのです。「アサガオは闇の中で咲く」ことを。

クリスマスが近づくと、街はイルミネーションに彩られます。そんな光景に、「ああ、今年もクリスマスがやって来た」と多くの人が思っていることでしょう。しかし、聖書の伝えるクリスマスには、あの華やかさはありません。ルカの福音書は、暗く、臭い家畜小屋で救い主は誕生したと記録し、マタイの福音書では、新しい王誕生の噂に怯えた王が周辺の子どもたちを虐殺する事件が報じられています。ヨハネの福音書はそのような救い主の誕生を「光は闇の中に輝いている」と表現しました。「闇は去った。光がやって来た」とは言わないのです。いや、言えない現実があったのでしょう。しかし、救い主の誕生は、すなわち本当の希望は闇の中で始まったのです。

そんなふうに誕生したイエスの最期は十字架でした。処刑から三日目の夜明け前、墓に着いた女たちはそこで意外なことを聴きます。

「あなたがたは、どうして生きている方を死人の中に捜すのですか。ここにはおられません。よみがえられたのです」（ルカの福音書二四章五～六節）。

時は「夜明け前」でした。闇が最も深い時だと言えます。その闇の中でイエスはすでに復活しておられたのでした。新しいいのちは暗い墓の中で、すでに始まっていたのです。まるであのアサガオのように。その後に朝が来ます。

今、闇に包まれるような日々を過ごしておられるあなたに申し上げたいのです。朝が来たから咲くんじゃない、アサガオは闇の中で咲くのです。イエスは闇の中に生まれ、夜明け前、真っ暗な墓の中で復活されました。ここに希望があるのです。あなたがいま闇を見つめているとすると、それは咲く時が近づいている証拠なのだと思います。

ラーメンの味――「おばあちゃんごめんね」

僕は、子どものころからラーメン、しかも、いわゆる「即席めん」が好きだった。むろん「カップめん」ではない。「カップヌードル」が売り出されたのは、一九七一年。僕が小学校一年生の時。実際に食べたのは、高学年になってからだったと思う。その前も、その後も袋に入った「即席めん」が好きだった。

ラーメンにまつわる記憶がある。あれは幼稚園の年長ぐらいだったろうか。珍しく祖母が僕の家に来ていた。僕の祖父は神主だった。祖父には威厳があり、少々近寄り難いところがあったが、祖母は優しく、僕はおばあちゃんが大好きだった。

その日、僕は風邪を引いて寝込んでいた。お昼になり、僕におばあちゃんが「ともし、ラーメンつくったで。食べなさい」とどんぶりを差し出した。「即席めん」好きの僕は喜んだ。でも、「なんだかスープの感じがいつもと違うなあ」と思いつつ、口に運ぶ。「ムムム、味も違うぞ。なんだろうこの味は？」　もう一口食べてみる。なんとなくソースの味がする。「これはラーメンじゃない！」　もう一口。間違いない。「これは焼きそばだ！」

と気づいた。おばあちゃんは焼きそばをラーメンだと思って、ラーメンのように作ってくれたのだ。ラーメンなど作ったことがなかった祖母が、孫の好物ということで見よう見まねで作ってくれた。しかし、残念ながらそれは焼きそばだった。「焼きそばラーメン」を前に、僕は固まってしまった。それ以上食べることができず、どうすることもできなかった。

「どうした、ともし食べなさい」とおばあちゃん。せっかく作ってもらったのだ、食べなきゃ。でも食べられない。「違うよ、ばあちゃん、これは焼きそばだよ」とは言えなかった。なんだか、大好きなおばあちゃんを悲しませるわけにはいかないと思った。食べるしかないが、どうしても食べられない。ついに僕は泣き出してしまった。おばあちゃんが僕に謝る。「ともし、ごめん。ばあちゃんラーメン作ったことないから、おいしくなかったねえ。ごめん、ごめん、作りかえようね」とおばあちゃんは言うのだ。

「違うよ。おばあちゃんが悪いんじゃないんだよ。作ってくれたのは嬉しいんだ。でも、それはラーメンではなく、焼きそばなんだ。だから、食べられないんだ。おばあちゃん、ごめんね。ごめんね」と僕は心の中で叫んでいた。ただ、ただ、涙がこぼれ、おばあちゃんはいっそう困り果て、謝るのだった。

なんてこともない話だが、今も「即席めん」を見ると、切なかったその日を思い出す。人間って切ないなあ。お互い悪気はない。いや、愛し合っているのだ。なのに、うまくいかない。もともとは単純な話で、孫に大好きなラーメンを作ってやりたいというおばあちゃんの思いと、大好きなおばあちゃんの作ってくれたラーメンを食べたいと思う孫。そこには本来何の問題もない。それでも人はうまくいかない。これを罪ある存在というのだろうか。

「キリストにあって一つのからだ」（ローマ人への手紙一二章五節）だとパウロは言う。教会共同体の成り立ちをそう言い表した。教会もまた、人と人が出会い、共に生きていく場である。人であるゆえに、ときにお互い切なくなる。そんな人間の現実を知っていたパウロは、「キリストにあって」と強調する。

「裸の付き合い」などと言うが、生身の人間同士の直接的なつながりは、実はたいへん危険なものなのだ。だから「間」にキリストを挟むしかない。和解の主であるキリストが私たちの間に立って、私たちを結びつける。キリスト抜きでは、うまくいかない。そもそも人はひとりでは生きていけない。だれかと結びつくことが前提となる。しかし、その結びつきは、たとえ愛し合っていたとしても、ときに切なく、ときに相手を傷つける。「間」に何かが必要なのだ。

親子であろうが、兄弟であろうが、直接に結びついているわけではない。そこには、「家族となれ」と命じる神の意志が存在している。さらに、結び目を保つ「キリスト」がいてくださる。キリストにあって一つとなれるのだ。

あの日のラーメンの切なさを思い出す。おばあちゃん、せっかく作ってくれたのに、食べなくてごめんね。大好きだったおばあちゃんも今は天国。いつか、なぜあの日、僕が泣いていたのかを説明しようと思う。

兄ちゃん、帰ろう――取り戻すべきことばとは

ＮＰＯ法人 抱樸が運営する自立支援住宅に入居していた松田義男さん（仮名、当時七十五歳）は、小倉で長く野宿をしておられました。松田さんと最初にお会いしたのは、小倉にある高速道路の下、自分で建てられたブルーシートの小屋でした。何度も暴走族に襲われ、あるときには石を投げられていました。ついには放火される事態ともなり、身の危険を感じた松田さんは、一時避難されましたが、襲撃はなかなか収まりませんでした。そんな事件の後、私たちが実施している炊き出しに毎週来られるようになり、いろいろと話すようにもなりました。

ともかくお酒の好きな方でした。飲んで転んで顔に大きな擦り傷をつくり、炊き出し場所に現れることもありました。しかし、性格はきわめて温厚、物静かで、口数も少ない方でした。黙っているとなかなか厳《いか》つい顔なのですが、笑うと、かわいいお顔の方でした。彼を悪く言う野宿仲間はいませんでした。

何度も自立支援住宅への入居をお誘いしましたが、なかなか決心できずにおられました。

最大の理由は「家族のこと」。多くの場合、野宿になる最大の理由は経済的な問題です。「仕事がなくなり、借金も抱え、家賃が払えず、野宿になった」とおっしゃる方は少なくありません。しかし、最終的な経済的破綻をきたす前、多くの方々が「離婚した」「子どもと別れた」などを経験しており、借金など度重なるトラブルの中で「家族から絶縁されたことが野宿のきっかけ」と答える方もおられます。NPO法人 抱樸では、自立支援とともに家族との復縁や帰郷の支援を行っていますが、いったん切れた絆を紡ぎ直すのは容易なことではありませんでした。

松田さんは住居設定をし、生活保護申請等をすることで、役所が家族に連絡を取ることを危惧しておられました。過去、家族との間に何があったかわかりませんが、松田さんは「合わせる顔がない」と思っておられるようでした。それが、松田さんが自立（入居）を拒む最大の理由でした。

出会って数年が経ち、高齢になり、体力や体調もだんだんと心配な状態となってきました。私たちがいっそう熱心に自立支援住宅への入居を勧めたこともあり、ようやく松田さんは決心されました。

自立支援住宅に入居後も、大きなトラブルはありませんでした。お酒は相変わらずに飲んでいましたが、暴れるようなことはなく、静かに暮らしておられました。生活保護申請に伴い、家族に「扶養の可否」を問う連絡が入ったようですが、家族からの支援はなく、本人に連絡が来ることもありませんでした。入居後、「いつ家族が現れるか」を心配していた松田さんですが、結局現れず、心配は杞憂に終わりました。松田さんは安心しつつも、どこか寂しそうでした。

松田さんに大きな病気が見つかったのは、入居後数か月が過ぎたころでした。もともと我慢強い性格も手伝ってか、最初の検査の時点で、医師からはもう時間が残されていないことを告げられました。それでも松田さんは「せっかくアパートに入ったんだから、がんばらんと」と言って、退院されました。その後も入退院を繰り返していましたが、本人も覚悟していたようで、ギリギリまで痛みに耐えて自宅でがんばっておられました。そして最後の入院後、数日で召されました。

葬儀となりました。その日、彼を知る多くの仲間が葬儀に駆けつけました。残念ながら、そこには家族の姿はありませんでした。はたして、そんな様子に松田さんはホッとされたのか、あるいは、残念な思いでおられたのか、私たちにはわかりませんでした。

収骨をすませて教会に戻ると、「松田」と名乗る男性から電話がありました。遺骨を受け取りに行きたいとのことでした。松田さんの弟さん一家が教会を訪ねて来られたのは半月後のことでした。教会の呼び鈴が鳴り、ドアを開くと、そこには召されたはずの松田さんが立っておられました。一瞬、ギョッとしましたが、それは弟さんでした。以前の元気だったころの松田さんとあまりに似ておられ、驚きました。いろいろとこれまでの経緯を説明します。黙って聞いておられる弟さん。やはり無口で、ときどき笑うと、やはりかわいいお顔でした。いっしょに来てくださったお連れ合いとも話が弾み、だんだんと以前から知っていたかのような感じがしてきました。

その中で弟さんから、お兄さんが亡くなる前に故郷を訪ねておられたことを私たちは知らされました。その日、松田さんは「墓参りに来た」と、突如故郷に現れたそうです。そして黙って帰って行かれたそうです。病気が急激に悪化したのは、その後のことでした。やはり松田さんは家族と会いたかったのだ、寂しかったのだと思いました。

教会の記念室でいっしょにお祈りした後、遺骨をお渡ししました。遺骨を胸に抱いた無口な弟さんが、「兄ちゃん、帰ろう」と遺骨に語りかけられました。弟さんは涙を流しておられました。私も、その場にいた全員が泣いていました。「松田さん、良かったね」と私は心の中で語りかけていました。松田さんのかわいらしい笑顔が浮かびました。

「あなたは人をちりに帰らせます。

『人の子らよ　帰れ』と言われます。」（詩篇九〇篇三節）

聖書は、人生の旅の最期に私たちが聞くべきことばを告げています。「人の子らよ、帰れ」と主なる神は呼びかけられ、私たちは家路につきます。私たちは、そのことばに逆らうことはできません。

それはちょうど、子どものころ、夕暮れ時に、家のほうから母親が「ともし、ごはんよ、帰っておいで」と呼んでいる風景を思い起こさせます。子どもの私は、もっと遊んでいたいのですが、母の声に抗うことはかないません。後ろ髪を引かれつつも、私は、あの懐かしく、あたたかい居場所へと安心しつつ帰って行くのです。

死とは帰還です。「帰って来い」という主なる神のことばに懐かしさを覚えて、人は最後の帰路につきます。「兄ちゃん、帰ろう」ということばは、そのような神の呼びかけにも似た、懐かしく、あたたかい呼びかけと聞こえたのでした。私たちは、このことばに呼びかけられ、終わりの日を迎えたいと思います。聖書は、その呼びかけが主なる神から発せられると約束してくれているのですから。人が最期に聞くべきことば、聞かなければならないことば、それが「帰っておいで」なのです。

イエスはおっしゃいました。

「わたしの父の家には住む所がたくさんあります。そうでなかったら、あなたがたのために場所を用意しに行く」（ヨハネの福音書一四章二節）。

イエスは、私たちが帰るべき住まいを準備してくださるというのです。用意が整ったら、私たちに語りかけられます。「さあ、帰っておいで」と。なんという平安な響き、福音のことばでしょうか。帰る場所、「帰って来い」と招く声。それが私たちには必要なのです。「帰っておいで」は、死の場面だけに限られたことばではありません。人は、しばしば人生につまずき、行き詰まります。その日、家族が、いや、だれでもいいのです、「帰っておいで」と言ってくれるのなら、人はもう一度立ち上がることができます。「帰っておいで」と呼びかけてくれる存在が、私の家族です。無縁化する現代において「帰っておいで」は、社会がもう一度社会として立ち上がるために必要な一言だと思います。私たちは、社会は、そして教会は、努力してこのことばを取り戻さねばなりません。松田さんは、私たちにこの一言の大切さを教えてくれたと思っています。

つながることは生きること――あの日の選択・下関駅放火事件

はじめに

福田九右衛門さんが刑務所を出たのは、二〇〇五年十二月三十日のことでした。この時点で十回目の満期出所。過去十回にわたり、実刑判決を受け、だれの引き受けもないまま刑務所を出所したのでした。二十二歳の時、最初の放火事件を起こし、その後も放火を繰り返しました。このとき七十四歳になっていましたが、人生の四十二年間を刑務所で過ごしておられました。

これまでの裁判（法務省管轄）で何度も「知的」等の「障害」があることが認定されましたが、障害者手帳（療育手帳、厚生労働省管轄）は取得できませんでした。裁判における障害判定は、量刑を決めるためのもの（法務省管轄）で、障害福祉制度につながることはありませんでした。典型的な制度の縦割りの狭間で生きてきたのが、福田九右衛門さんでした。

身元引受人がいない人は、仮出所は認められず、満期出所となります。最初の事件以後、家族との縁が切れた九右衛門さんは、満期出所を繰り返さざるをえませんでした。満期出所の場合、すでに刑期が終了しているということで、更生保護等の支援を原則受けることはできません。出所当日から「ひとり」で生きなければなりませんが、知的障がいのある九右衛門さんにとって、それは相当難しいことでした。

出所時、刑務所で貯めたお金がありましたが、障がいのためか有効に使えず、数日後には野宿になりました。北九州市で年末を過ごし、年明け、友人を頼りに徒歩で福岡市に向かいました。途中、道に迷い、警察に保護されたり、具合が悪くなって救急搬送されたりしました。福祉事務所を訪ねますが、対応してもらえませんでした。

一月四日、再び北九州到着。一月五日、万引きの現行犯で警察に連行されました。このときすでに「刑務所に帰りたい」という思いがあったようです。残念ながら……逮捕はされず……。一月六日、再び万引きをして、自ら出頭。やはり逮捕されることはなく、再び福祉事務所へ行きましたが、そこでは「隣接市」までの電車の切符を渡されただけでした。裁判では「被告は生活保護の申請をしようとしたが、定まった住所がないとの理由で拒まれている。結果、精神的に極限状況に陥り、本件に及んだ」と担当弁護士が指摘していますが、福祉事務所側は、「郷里の京都に帰りたいとの話をされたので、規定に従って下関駅までのJR回数券などを渡した」と証言しています。両者の言い分は食い違っていますが、九右衛門さんには、とうの昔に帰る故郷も家族もなく、故郷に帰る理由がありませんでした。

実は、犯行を繰り返す息子を嘆いてお父さんは自ら命を断っておられます。そもそも「頼れる先」があるのなら、出所後すぐに向かっていたと思います。

福祉事務所からもらった切符でたどり着いたのが下関駅でした。その九時間後、下関駅は炎に包まれたのでした。二〇〇六年一月七日、午前一時五十分、築六十余年の下関駅は放火によって全焼しました。これが世に言う「下関駅放火事件」です。

出所から放火までの八日間に、九右衛門さんは八つの公的機関（病院を含む）と接しておられます。しかし、きちんと対応してくれる機関はありませんでした。当初「むしゃくしゃしてやった」と報道されましたが、裁判では一貫して、「行く所がなく、刑務所に戻りたかった」と語っておられます。「行く所がない」は容易ならざる事態です。路上で暮らす方々と出会ってきた私は、それがどれだけ大変なことかを見てきました。（ただ、私は野宿をしたことがないので、本当のつらさは実のところわからないのですが……。）しかし、その大変さが理解できたとしても、「刑務所に戻るために放火をする」ということは認めるわけにいきません。それは「歪んだ選択」です。放火はダメです。

しかし問題は、「放火をしてはいけない」と九右衛門さんに言えたとしても、ではあの日、九右衛門さんは何をすべきだったのか、社会はその答えをもっていたのかという点です。宿なし、身内なし、一文なしの知的障がいがある七十四歳の人は、あの日何をすべきだったのか。私は、以来、「あの日の選択」を考え続けています。彼が刑期を終えて出所するまでにその答えを見いだすことが私の宿題となりました。

人生で最もつらかった時、一番良かった時

事件が起こるまで九右衛門さんのことは知りませんでした。逮捕された容疑者が高齢のホームレスであり、事件直前まで北九州にいたことを報道で知り、すぐに下関警察署を訪ねました。残念ながら面会はできませんでしたが、着替えなどを差し入れし、その日は帰りました。

その後、国選弁護人と連絡が取れ、本人に会うことができたのは、事件から三週間後の一月三十日でした。前科十犯と聞き、どんな恐ろしい人が現れるのかと、ドキドキしながら面会室で待ちました。しかしアクリル板の向こうに現れたのは、小柄で気弱そうなお年寄りでした。ホームレス支援をしていること、牧師であることなどを説明し、「あなたが望めば、今後できるだけ支援をします」と伝えました。九右衛門さんは素直に「お願いします」と頭を下げられました。

次に「なぜ火をつけたんですか?」と尋ねると、「どうしようもなくなり、刑務所に戻りたかった」と言われました。「でもね、どんな理由があっても、放火はダメです」と言うと、「申しわけありません」と謝られました。私に謝られても仕方がないので、「出所し

たら、いっしょに謝りに行きましょう」と提案したところ、「必ず行きます」と約束してくださいました。私は、「放火はダメ」と本人に伝えつつも、「では、あの日、どうすればよかったのか」との問いを抱えていました。

刑務所に戻ることが目的だったとしても、なぜ「放火」なのか。そこが不可解でした。その点を尋ねると、表情が少しこわばりました。彼は服をまくり上げ、お腹を見せ始めました。そこには、大きな火傷の跡がありました。

「小学生の時、親父《おやじ》の言いつけを守らないで遊んでいて、酒を飲んで帰って来た父親に起こされ、風呂のたき口に連れて行かれ、火のついた薪をお腹に押しつけられました。以来、親父と火を恨むようになりました。」

その返事に私は絶句しました。身体の傷も大変です。しかし、心の傷はもっと大変です。子どものころのその体験が彼の人生を狂わせたのかもしれません。その出来事から六十年以上、福田九右衛門という人がどのような人生を歩んできたのか。私は彼の顔を見つめながら考えていました。

私はだれかを支援すると決めたとき、二つのことを尋ねます。一つは、「あなたの人生で最もつらかった時はいつですか」です。今後の支援において避けるべきポイントを確認するためです。「刑務所を出たときに、だれも迎えに来なかったことが一番つらかった」と即答されました。これは何とかなります。必ず私が迎えに行くと伝えると、嬉しそうにお辞儀をされました。

もう一つの質問。「あなたの人生で一番良かった時はいつですか。」これは支援の目標を定めるためです。しばらくの沈黙の後、「そうだな……。やっぱり父さんといっしょに暮らしていた時が一番良かったなあ……」と九右衛門さんは言われたのです。私は衝撃を受けました。「でも、あなたにひどいことをした人じゃないですか。それでも、お父さんといっしょにいた時が良いんですか」と問い直すと、「やっぱり、ひとりよりも、あの時が良かった」と静かに、しかし確信げにおっしゃるのでした。

子どもを虐待する親はダメです。しかし、九右衛門さんは虐待以上に「ひとりぼっちがつらい」と言われます。両者を比べなければならないこと自体、たいへん不幸と言わざるをえません。しかし、九右衛門さんにとって孤立は虐待以上の虐待だったのです。

私は、野宿状態の人々と長く出会ってきました。ハウスレス（宿なし）に象徴される「経済的困窮」も大問題ですが、ホームレス、すなわちホームと呼べる絆を失っている状態、すなわち「社会的孤立」が大きな問題である、と訴えてきました。九右衛門さんのこのことばは、「つながりがなくなること」が何よりも困難であることを指摘していました。

人は出会いによって変わる

裁判が始まりました。私たちは手紙をやりとりするようになっていました。山口の拘置所を訪ね、裁判も傍聴しました。情状証人として出廷し、身元引受人になることも表明しました。争点となったのは、九右衛門さんの精神状態、責任能力、そもそも駅を全焼させる意図があったのかという点でした。私は、刑務所出所後の社会の対応や、障がい者としての権利行使ができなかったことなど、事件の背景にあるものも議論してもらいたかったのですが、なかなかそうはいきません。刑事裁判ですから、そのような「社会検証」がなされないのは当然なのでしょうが、この事件の本質は、九右衛門さん個人の事柄であるとともに、障がいのある高齢受刑者が出所後、社会保障制度も活用できずに社会に放り出されたという点にある、と私は考えていました。

下関のシンボルであった駅の焼失、五億円を超える被害。マスコミも注目する大事件であるにもかかわらず、裁判の傍聴席には毎回、私しかいませんでした（マスコミ席は埋まっていましたが）。その光景が九右衛門さんの人生を物語っていました。裁判は二年続きました。途中で精神鑑定のために医療機関に移送される場面もありました。

そして、二〇〇八年三月十二日、求刑の日を迎えました。

それまでの公判はすべて傍聴していましたが、この日は私の息子の卒業式で行けませんでした。検察官は、懲役十八年を求刑したということでした。その夜、傍聴した新聞記者からそのことを伝える電話がありました。弁護士から求刑どおりの判決が出る可能性もあると聞かされていました。九右衛門さんはすでに七十六歳になっていました。「生きて再会ができないかもしれない」と心配でした。

ところが、その新聞記者はさらに、こう伝えてくれたのです。

「奥田さん、今日来られたら良かったのに。求刑の後、裁判長が本人の意見を聞いたのですが、これまでの裁判では一貫して『刑務所に戻りたい』と言っていた福田さんが、今日になって、『僕はもう一度社会に戻りたい。奥田さんのところに行きたい』と言ったんです。僕らはすごく感激しました。」

記者のことばを聞いて、私は胸が熱くなりました。

人は出会いによって変わります。私自身が犯罪者となっていない（十分罪人《つみびと》ではありますが！）のは、たまたま良い出会いに恵まれてきたからだと思います。もし出会いがなかったなら……私が九右衛門さんでも不思議ではないのです。

そんなふうに変わり始めた九右衛門さんです。できれば社会に戻ってほしい。大切なのは、彼が生きて社会に復帰し、反省し、二度と罪を犯さず、社会の中で人々と共に生き、人々に見守られながら死んでいくことです。

二〇〇八年三月二十六日、いよいよ判決の日を迎えました。

判決——社会が動いた日

弁護士さんからは、「長ければ十八年、最低でも十五年」と伝えられていました。やったことを考えると、当然なのかもしれません。罪状は「現住建造物等放火罪」です。つまり、中に人がいる建物に放火したということであり、一歩間違えれば多くの死者が出ていたでしょう。奇跡的に死者も怪我人も出ませんでしたが、司法が厳罰化の傾向に向かっていることも気になりました。七十六歳の九右衛門さんにとって、十八年は長過ぎます。祈る思いで判決を待ちました。

「有罪、懲役十年。但し、未決拘留期間六百日を認める。」

意外な結果に傍聴席はざわつきました。当然有罪ではありますが、実質懲役八年との判決でした。八年後、八十四歳ならば、九右衛門さんと再会できる可能性が高い。私は喜びました。

「刑務所を出所後、寒さをしのいでいた駅を追い出されたことから放火した短絡的な犯行。被害額は五億円以上」「被告人の責任は重大」

と明確に断罪しつつ、判決文の後半では、以下のようなことが述べられました。

「一方、被告人は軽度知的障害で、かつ、当時七十四歳という高齢でありながら、刑務所を出所後、格別の支援を受けることもなかったもので、そのような中、被告人が所持金も有為に使えず、社会に適応できないまま、上記のような境遇に陥ったことについては、被告人のために酌むべき事情というべきである。」

九右衛門さんが高齢で、障がい者でもあり、「支援が必要だったこと」が明記されたのです。八年の刑期は、それを考慮した結果だと思われました。

判決後、「良かった」と弁護士に告げたところ、そうはいかないことを知らされました。判決が求刑の半分以下になったことで、それ自体が控訴の理由になるとのことでした。検察控訴は必至で、今後は広島高裁での審議になるだろう、と弁護士から告げられたのです。

混乱する気持ちを引きずって、判決後、夕暮れ迫る拘置所を訪ねました。面会室に現れた九右衛門さんは、いつもどおり淡々としていました。これまであまり感情を出される場面はありませんでした。私が「良かったですね。八年です。死んだらいかん。生きてください。あなたにはやるべきことがあります。刑務所以外に生きる場所があることを、皆に示す責任があります。僕も八年間でやるべきことをやります。その日が来れば、必ず迎えに行きます」と告げると、九右衛門さんは初めて私の前で声をあげて泣きだしたのです。

「うえーん。うえーん」と、まるで子どものように。

私はすぐに動きだしました。山口検察庁に控訴断念を訴えることにしたのです。当日準備した嘆願書の一部を紹介します。

「最後に、判決後福田さんから届いた手紙の文面を添えます。『ぼくは今深く反省しています。検事さんこうそしないでください。今度刑務所でたら奥田さんの所へ帰って一生懸めい働きます。もう二度（と）お（な）じ罪は犯しません。どうか検事さんこうそしないで下さい。くれぐれもよろしくお願いします。ぼくもこうそはしませんから。〔以後奥田宛の文面〕ぼく元気で刑をつ（と）めてきますから奥田さんも元気で身体に気（を）付（け）てください。ぼくが刑務所出（た）とき奥田さんがむかえにこられるのを楽しみしています。今ご、ぼくのことをよろしくお願いします。』〔三月二十七日消印。カッコ内は奥田による加筆〕

罪は罪です。裁かれて当然です。しかし私は、七十四歳の行き場がなかった老人が、しかも刑務所にしか自分の居場所を見いだすことができなかった困窮孤立の老人が、再び生きる希望を見いだすことのできる社会でありたいと思います。九右衛門さんを生きて更生させることは社会の側の責任であると思いますし、ホームレス化していく現在の社会にとって大きな希望となると信じています。」

この嘆願が影響したかはわかりませんが、控訴期限の翌日、新聞には以下の見出しが載りました。

「JR下関駅放火・懲役十年が確定　地検が控訴せず」

下関放火事件とその判決は、その後の社会に大きな影響を与えることになりました。先にも述べましたが、司法と福祉の縦割りの弊害が、この事件の背景にあります。そして、刑務所には、障がい者、認知症の高齢者が多数いること、さらにそれらの人々が再犯を繰り返している現実も見えてきました。

社会福祉法人南高愛隣会の理事長（当時）であられた田島良昭さんの呼びかけで、「触法障害者」に関する検討会議が開催され、法務、厚労の両省が参加しました。私も田島さんから声をかけていただき、会議に参加することになりました。ホームレス支援の現場では、刑務所出所者の存在が大きな課題になっていました。つまり、満期出所後、そのままホームレスになる人が少なくないという現実がありました。さらに、ホームレスの四割が知的障がい者であることもわかっていました。

検討の結果、国は二〇〇九年より、「地域生活定着支援センター」を全都道府県に配置することを決めました。このセンターは、高齢または障がいを有するため、福祉的な支援を必要とする矯正施設退所者について、退所後直ちに福祉サービス等につなげるための機関です。福岡県のセンターは、二〇一〇年に設置されましたが、NPO法人 抱樸が担当することになりました。

あれから十年が過ぎ、現在では「司法福祉」ということばが定着しています。さらに、二〇一七年には「再犯の防止等の推進に関する法律」が施行され、裁判段階での福祉的支援が実施されることになりました。あの判決は、その後の社会に大きな影響を与えたのでした。

ひとりでいるのは良くない――つながることは生きること

事件から十年、二〇一六年六月。ついに福田九右衛門さんの仮出所が認められました。八十四歳になっておられました。

私たちはこの十年の間に、九右衛門さんのような境遇の人を受け入れるための施設やプログラムを始動させてきました。事件の翌年には、下関駅から徒歩五分の場所に「抱樸館下関」を開設しました（現在は老朽化のため休館中。建て替えを検討しています）。二〇一三年、「抱樸館北九州」が開所。東八幡キリスト教会の向かいに建設された施設は、三十人が入居でき、ボランティアセンターや介護サービス、生活支援センターなどを備える多機能型施設です。一階には地域の方々も利用できるレストランも開設しました。レストランは、就労困難な人の就労訓練事業所にもなっています。抱樸館は、制度外の施設なので、運営（経営）は厳しいのですが、制度を利用しない分、だれもが利用できる自由さを有しています。なぜならば、制度は利用対象者が限定され、それが「断る理由」となる場合があるからです。「抱樸館北九州」は、「断らない」を体現した施設です。

出所後の二か月間、つまり満期までは牧師館（わが家）でいっしょに暮らすことにしました。九右衛門さんとは、十年の付き合いになりますが、遠方の刑務所にいたため、手紙のやりとりのほかは、一年に一度会えるかどうかの関係でした。まずはお互いがお互いを知ること、ちゃんと出会うことが大事なので、同居を選んだのでした。

その二年前に、東八幡キリスト教会は新会堂を建築していました。総木造の建造物で二〇一五年度のグッドデザイン賞を受賞している建物です。「軒の教会」と呼ばれるこの建物が、九右衛門さんの出所後、最初の住まいとなりました。総木造建造物ですから、もしも火がつくと、とんでもないことになります。まあ、神様にゆだねて、いっしょに生きていくことにしました。

二か月後、八月初旬に無事満期を迎えました。それを機に「抱樸館北九州」へと引っ越すことになりました。出所当初は専門家を集めて、「対策会議」を開きましたが、何よりも大事なのは、「つながりを増やすこと」でした。人が立ち上がるために必要なのは、「友だち（つながり）」と「出番（役割）」です。

九右衛門さんは、抱樸館で次々に友だちを増やしていきました。炊き出しボランティアにも参加し、お茶くみの役割が与えられました。東八幡キリスト教会の礼拝にも出席するようになりました。教会に通う子どもとお揃いの「抱樸Tシャツ」はお気に入りです。最初の礼拝後、「どうでしたか」と声をかけると、「ケツが痛いなあ」と一言。椅子が硬いらしく、次からは来ないかなと思っていたところ、翌週の礼拝ではだれかが座布団を勧めてくれていました。すでに出所後三年になりますが、礼拝出席は定着しています。

現在八十七歳。人生の五十二年間を刑務所で過ごした九右衛門さんは、今が一番忙しいそうです。もう放火するヒマはありません。つながることが生きることなのです。

下関駅放火事件とは何であったのか。それは孤立が生み出した事件だったと思います。あの事件は、福田九右衛門という一人の人に起こった事象のみならず、神のみこころにかなわない生き方を選び始めた現代の私たちにおいて起こった事件なのです。主なる神は、「大地のちりで人を形造り、その鼻にいのちの息を吹き込まれ」（創世記二章七節）ました。しかし、その直後、その主なる神が、「人がひとりでいるのは良くない」（同一八節）と反省されます。全知全能の神が、ご自身がしたことに「ダメだ、こりゃ」はおかしな話ですが、これは「人間とは何か」を私たちに教えるためだったのだと思います。そして、「人のために、ふさわしい助け手を造ろう」（同節）となり、他者と共に生きることが、人であることの前提となりました。

福田九右衛門さんの人生は端的に、この聖書のことばを実証しているのです。だれも迎えに来ない、だれも一緒にいてくれない、だれも心配してくれない。そんななかで九右衛門さんは、追いつめられ、火をつけ続けたのでした。その結果、多くの人に迷惑をかけ続け、自分自身も傷ついていきました。

イエスは、「二人か三人がわたしの名において集まっているところには、わたしもその中にいるのです」（マタイの福音書一八章二〇節）と語られました。これは「二人か三人集まらないと相手にしない」とおっしゃったわけではないでしょう。そうではなく、「わたし（インマヌエル・共にいる神であるイエス）のいるところには、二人または三人の絆が生まれる」ということだと思います。イエス・キリストを信じて生きるということは、つながりの中で生きられるという希望なのです。

しかし、つながりは容易ではありません。イエスの示されたつながりは十字架へと続く道だからです。絆は傷を含みます。それ抜きで人とつながろうとすることは、そもそもつながっていないか、あるいは単に他者を利用したいだけです。十字架抜きの安価な恵みとしてのつながりは、新しいいのちを生むことができません。

正直に言うと、仮出所後の同居生活は大きな緊張を伴いました。特に日常的に世話役となった妻の伴子《ともこ》は大変だったと思います。しかし、イエスが私の負うべき私の十字架を負い、私のために傷ついてくださったということが福音であり、愛だと信じる人は、この緊張を引き受けなければなりません。それはキリスト教的真理にとどまらず、共に生きることが必然である「人」において、「社会とは何か」を示すことだったように思うのです。私は、社会とは健全に傷つくための仕組みなのだと考えています。

もはや人生の黄昏時《たそがれどき》となった九右衛門さんは、人と出会い、人と共に歩み始めておられます。人生には遅すぎるということはありません。あと何年残されているかはわかりませんが、九右衛門さんは復活のいのち、新しいいのちを生きておられます。それは、神様が定められた「人としてのあり方」そのものです。神様が言われた「良くない」生き方、つまり「ひとりでいる」ことを九右衛門さんはやめたのでした。

おわりに

先日、九右衛門さんがテレビのインタビューを受けておられました。「もう火はつけませんか」とストレートな質問に、彼は「もうつけません」と明確に答えておられました。「なぜですか」と突っ込まれると、「奥田さんたちに迷惑をかけたくないから」と答えられました。これはとても大事な一言です。彼が火をつけた理由は、「刑務所に戻りたい」ではした。では、火をつけない理由は何か。「刑務所に戻りたくない」ではない。共に生きている人のために、九右衛門さんは「火をつけない」というのです。彼の中には、確実に「他者」が住み始めています。出会った人たちが九右衛門さんの中に生きているのです。

現代社会は、「自業自得だ。私には関係ない。自己責任だ」と言い放って、人との関係を断ってきました。これは本当に「良くない」ことです。お互いが「助け手」であること。それが人間の基本的で本質的な出番（役割）なのです。これからも彼の中の住民は増え続けていきます。生きるとは、そういうことです。

人生には、良い日も、そうでない日もあります。しかし、つながっていたい。なぜならば、つながることが生きることなのですから。

Ⅱ 軒のある風景

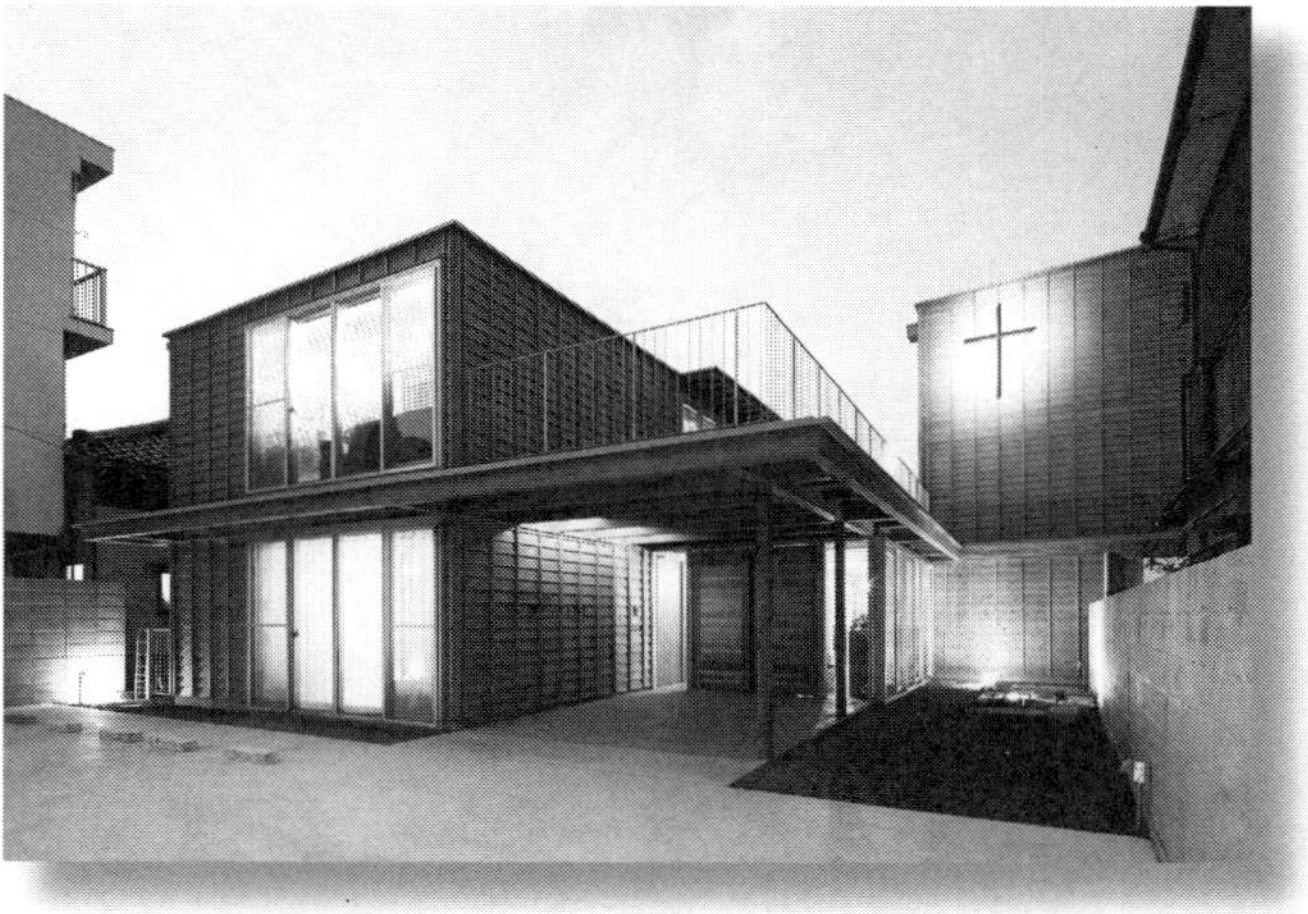

軒《のき》の教会物語――無縁の時代に生きる教会

はじめに――「軒《のき》」の役割

「軒」を辞書で引くと、「屋根の下端で、建物の壁面より外に突出している部分」とあります。しかし「軒」が果たしてきた役割は、それ以上に大きかったように思います。「軒」が果たした社会的あるいは文化的な意義は、私たちの生き方や出会い方に大きな影響を与えてきたように思うからです。

ところが現在、日本社会から「軒」がなくなりつつあります。そのような時代にあって、東八幡キリスト教会は、創立六〇年を記念して新教会堂「軒の教会」を建築しました。私の年齢、あるいはそれ以上の人は、「軒」にまつわる思い出、心象風景と言えるものをお持ちではないでしょうか。「軒」下の縁側でおばあちゃんが出してくれた干し柿を食べたこと。突然の雨に、思わず「軒」に駆け込み、知らぬ者同士が共に空を見上げたこと。雨に打たれた者同士、何となく「お互い様」という共感が生まれました。「軒」の下では、そんな「優しい光景」があったように思います。

「軒」は不思議な空間です。外でもなく内でもない場所であり、内と外をつないでくれていた、それが「軒」だったように思います。「軒」がクッションのような役割となり、私たちは出会ってきたのです。

「軒」は人を限定せず、だれでも受け入れてきた場所です。直接屋内に入るには勇気が必要です。でも、外のままでは出会えません。少し勇気を出して、「ごめんください」と一歩「軒」に踏み込むわけです。「ヤバい」となれば、いつでも外に逃げられます。

私たちは、「軒」に立ち寄り、新しい出会いを期待していたのです。それが「軒」のある風景が果たした役割だったと思います。

「軒」がなくなった理由

最近「軒」を見なくなりました。建築には流行《はや》り廃れもあるでしょうから、「軒」はもはや時代遅れということでしょうか。あるいは建築費用がかさむなか、「軒」にお金も面積も割けないというのが本音でしょうか。

しかし私は、「軒」消失の理由はそれだけではないと考えています。そこには、現在の社会のあり方や人の生き方など、時代の変化とも言うべきものがあったように思います。つまり、現代社会が「出会いを忌避する」ようになったこと。あるいは、人を分断し、差別することで一部の人としか出会わない、付き合わないようになったことにその原因があると考えます。この間、私たちは出会うことを嫌い、極力他者と関わらないように生きてきたのではないでしょうか。そのような「空気のようなもの」が現在の社会を支配しているように思うのです。

出会いを避けるようになった社会は、不特定多数の出会いの場所であった「軒」の必要を感じなくなったのです。「軒」を認めない社会は、内と外という分断線が明確に引かれた社会だと言えます。この分断線は、自分と他人、身内と部外者、日本人と「外人」など様々なところで見受けられます。家の中に閉じこもり、だれも入れない。だれとも出会わない。そんな生き方が「良し」とされる社会に私たちは生きているのです。

「軒的空間」とホームレス

ホームレス支援に携わって三十年となりました。この間、街中から「軒」に象徴される空間、「軒的空間」とでも言うべき場所が姿を消しました。「姿を消した」といっても、「自然消滅」ではありません。その多くは「撤去された」、あるいは「潰された」のです。

「軒的空間」は、街中にある「だれでも身を寄せることができる空間」であり、「雨宿り」に象徴される一時避難場所のような空間でもありました。実際には、公園のベンチ、東屋《あずまや》、駅の待合室、駅のベンチ、商店街の片隅、大きなビルの軒先など、都市にはそのような「軒的空間」がありました。そこは、人が少しの間立ち寄り、憩う場所でした。あるいは行き場のない人々にとっては眠りにつく空間であり、いのちをつなぐ場所でもあったのです。

ところが、分断と社会的排除が徹底されるなか、「軒的空間」は激減しました。駅には、かつて待合室がありました。それは、改札の外にあり、電車から降りて来る友人や家族を待つ場所もありました。しかし、現在の待合室は改札の中にあり、ただ電車を待つ場所になりました。人を待つ空間は、今やモノ（電車）を待つ空間となったのです。さらに公園の東屋の屋根が撤去され、ついには東屋自体がなくなりました。これらのほとんどは「ホームレス対策」の名のもとに行われてきました。その多くは市民からの苦情をきっかけに行われました。

以前、ホームレス支援の炊き出しを駅の待合室で行っていました。そこは出会いの場所であり、行き場のない人々が寒さをしのぐために身を寄せ合っていました。そこは「いのちの場所」でした。しかし前述のとおり、待合室は改札の中になり、切符の買えない人は使えないことになりました。駅や公園のベンチも撤去され、あるいは座面に仕切り板のようなものが取り付けられるようになり、横になることができなくなりました。商店街には夜間、水がまかれ、そして「軒的空間」は街から消えました。結果、「きれいになった街」は、味気なく、冷たく寂しい荒野のようになりました。

もちろん、ホームレスに必要なのは「軒的空間」ではなく、キチンとした「住居」であることは言うまでもありません。「公園に住んでいいのか」との意見があるのは当然で、ホームレス者自身、公園に住みたいと思っているわけではありません。しかし「今日、行き場がない」という人にとって「軒的空間の撤去」は死活問題であり、社会が、本当に困っている人の現実を認知できなくなってきていることを意味します。知らないままでは、当然対処することはできません。

ひとつのいのちを排除すると——ひとつのいのちはすべてのいのちにつながっている

「軒的空間」はホームレスの人だけが利用していたわけではありません。駅のベンチも公園も東屋も「すべての人」を引き受けてきました。だれでも使える、それが「公園」、つまり「公の場所」です。特に、子ども、お年寄り、具合の悪い人などには、街中の「軒的空間」が必要でした。

そもそも「いのち」はつながっているのです。いのちは普遍的であり、「ひとつのいのち」は「すべてのいのち」につながっています。ですからホームレスといえども、ひとつのいのちを蔑ろにすると、すべてのいのちに影響が出ます。ホームレス対策の名のもとに「軒的空間」を撤去した街は、結局は居づらい街となり、人そのものを排除する街となります。ベンチが撤去された街で、お腹の大きなお母さんはどこで休むのでしょうか。腰の痛いおばあちゃんはどこで休むのでしょうか。すべてのいのちはつながっているのです。

ひとつのいのちの排除が「いのちそのもの」を排除することになるのです。「軒的空間」をなくし、他者との出会いを忌避することは、ひとりでは生きてはいけない人間の本質を否定することになります。なぜ現代社会は、そのような危険を冒してまで、他者との出会いを避けるようになったのでしょうか。端的に言って、「心配」だからです。「軒を貸したら母屋《おもや》を取られる」。そんな心配は昔からあったようです。しかし、心配だといって、「軒」そのものをなくしてしまうと、非人間化が進むことになります。

私たちは、人に関わることを「損だ」と考えるようになったのです。「自分を守る」ために、他者を無視し、排除する。この間、時代を席巻した「自己責任論」は、「あなた自身の責任だ」と言い切ることによって他者と関わらない理由としてきたのです。軒を貸してほしいと思う人は、総じて困っている人です。「袖《そで》振り合うも多生《たしょう》の縁」は仏教の教えですが、いずれにせよ、「人との出会いや縁は、偶然ではなく、深い因縁や摂理に基づくものだから、大切にしましょう」ということが私たちの文化の根底にはあったはずです。「軒」は「縁」の実行という場所であるゆえに、「すべての人」に開放されていなければなりませんでした。

各地で起こる住民反対運動は、出会うことを恐れる現代社会が抱える病的な症状だと言えます。「自分たちの安全や安心を守るため」と、出会いを拒否し排除するのですが、結果、実につまらない生き方や地域を創ることになります。出会いなき地域は、それ以上発展しません。人は出会いによって成長し、変えられていくからです。人は出会いによって生かされ、出会いの中で成長していく。これが人間であることの意味であり、「軒」および「軒的空間」が必要な理由です。

軒の教会——東八幡キリスト教会

東八幡キリスト教会には、毎年、実に多くの人々が訪ねて来られます。困っている人、つらい思いをしている人、行き場がなく、教会でしばらく暮らす人もいます。教会は、そういう者同士が出会う場所です。私たちは「軒」の下で出会います。そのような出会いのおかげで、東八幡キリスト教会は常に変化し、成長してきたように思います。だから、キリスト教会には軒が必要でした。出会いを避ける社会にあって、東八幡キリスト教会は門戸を大きく広げて、すべての人を受け入れる「軒」のような教会になりたいと模索してきました。

そして、イエスもまた「軒」のようなお方だったと思います。イエス・キリストと呼びますが、「イエス」は人の名、「キリスト」は救い主（神）という称号です。「イエス・キリスト」という名には、まことの神であり、同時にまことの人であるということが示されています。これは、人の領域と神の領域が重なり合うところにイエス・キリストがおられることを示します。いわば、それは内と外をつなぐ「軒」のような存在であり、「すべての人」が自由に集える場です。「軒」はイエス・キリストのおられる風景です。イエス・キリストは、私たちと出会うために天から「軒」へと下られました。天にとどまることも、あるいは地上で聖堂の奥に引きこもることもなく、「軒」に身を置かれたのです。

「キリストは、神の御姿であられるのに、神としてのあり方を捨てられないとは考えず、ご自分を空しくして、しもべの姿をとり、人間と同じようになられました」（ピリピ人への手紙二章六～七節）は、その事実を告白しています。さらに、イエスご自身、「狐には穴があり、空の鳥には巣があるが、人の子には枕するところもありません」（マタイの福音書八章二〇節）とも言っておられます。

さらにイエス・キリストの誕生を聖書は次のように伝えています。「言《ことば》は肉体となり、わたしたちのうちに宿った」（ヨハネの福音書一章一四節、口語訳）。この「宿った」は「テントを張った」という意味です。テントとは、まさに東屋であり、「軒的空間」です。神は、私たちと出会うため安住を拒否された。天の御座から地上の王宮へと引っ越したということでは決してない。救い主は、「テント（幕屋）暮らし」、すなわち「軒的空間」を選ばれたのです。なぜでしょうか。それは「出会う」ためです。いつでも人々のところに駆けつけ

ることができ、すべての人が気軽に立ち寄れる場所、それが「軒」だからです。

にもかかわらず、私たちが教会を宮殿のように考え、敷居を高くしているのであれば、それはどうしたことでしょうか。そのことで、教会もまた無縁社会の片棒を担いできたのではないかと私は心配です。

東八幡キリスト教会は、創立六〇年を記念して新教会堂建築を行いました。「軒の教会」と命名された新教会堂は、大きな間口と広い「軒」が特徴です。その奥の礼拝堂は、四隅の天窓から光が差し込みます。その礼拝堂の奥。位置的には「軒」の一角に当たる場所に「だれでも入れる記念室（納骨堂）」があります。ホームレス状態の方々が亡くなった場合、家族が引き受けるケースは二割もありません。残り八割の人々は、私たち、出会った人たちによって葬儀が行われます。家族のもとに戻ることができなかった遺骨は、東八幡キリスト教会の記念室で引き受けます。これまで一〇〇人ほどを引き受けてきました。彼らは神の家族です。さらに、礼拝堂正面の裏側の「軒」には、「家族のためのシェルター」が完備されました。二〇一四年八月の献堂式で菊岡義修建築

委員長は、「私たちは、この新会堂が与えられたことを感謝します。しかし、私たちはこの新会堂を私物化しません」と宣言し、「軒の教会」は始動したのでした。

おわりに——「神様はどうでもいいいのちをお創りになるほどお暇ではありません」

今から三年前、ひとりの青年が東八幡キリスト教会にたどり着きました。小さいころから苦労を重ね、施設や里親を転々とした彼女は、ある事件をきっかけに東八幡キリスト教会とNPO法人 抱樸と出会いました。少年院に迎えに行き、その日から我が家での暮らしが始まりました。

ときに荒れる彼女は自分を傷つけながら、こうつぶやくのでした。

「私は、どうでもいいいのちだから。」

私たちはこのことばにたじろぎました。「そんなことはない」と、妻の伴子《ともこ》は泣きながら反論します。しかし、あまりにも重いことばの前で、私たちはしばしば絶句させられました。

あるとき、「奥田さんは、すべての人が救われると言いますよね。だったら私も救ってほしい。私にとっての救いは今すぐ死ぬことです。私にとって現実は地獄です。神が救ってくれるのならば、今すぐに私のいのちを奪ってほしい。私にとってそれが救いです」と言ってきました。絶望の深淵に立つ彼女のことばには、ある意味、「力」がありました。

私は、この子が体験した苦しみのかけらも経験していない。だから、私の実存から発することばをもって反論することはできないと感じていました。彼女のこのことばに、キリスト教会はどう反論するのか、できるのか。これは東八幡キリスト教会の宣教課題となりました。あのことばに応答するには、聖書のことば、あるいは「信仰」をもって答えるしかない。私たちはそう考えました。私の経験や浅知恵では太刀打ちできません。適当な慰めは通用しません。真剣に信じないと何も言えなかった、これが本音です。

そんな出会いの中で、一つの「信仰告白」と言うべき「教会標語」が与えられました。「神様はどうでもいいいのちをお創りになるほどお暇ではありません。この事実を証明するために、東八幡キリスト教会はひとりを大切にする教会になる。」

あらゆるいのち、あらゆる出来事、そして、すべての人生には意味がある。私たちの目には遠回りだ、無駄だと思える道も、神様が備えた道だと信じて生きていこう、と呼びかけたのでした。毎週、このことばを司会者は宣言し、礼拝が始まります。確かに神の思いなど人が知る由もないことです。でも、私たちは「信じること」はできます。神様は、どうでもいいいのちや意味のない出来事をお創りになるほどお暇ではない、と。「すべての人」は、神様が造られた意味のある存在なのだ、と。

「きれいごとだ」と揶揄《やゆ》する声が聞こえてきます。私たちが真剣に信じなければ、それは「きれいごと」で終わるでしょう。しかし、真剣に信じるのなら、それは「事実」となります。

なぜ、そのようなことを教会は宣言しなければならないのでしょうか。それは、現在の社会が分断と排除の社会となっているからです。教会は、そんな社会に対していかなる福音を語り、いかに福音に生きることができるかが試されています。

「どうでもいいいのち」と「大切ないのち」の分断が進んでいます。「私はあの人と違う」、「この人たちは別」という意識が社会に広がりつつあります。世界的にも「自国第一主義」を主張するリーダーが登場し、移民の排斥など差別と偏見の嵐が吹き荒れています。国内でも、ヘイトスピーチや生産性、経済効率性を偏重した議論が起こっています。各地で激化する住民反対運動もその表れです。

昨今起こった南青山における児童施設建築反対の動きは、今日の社会が病んでいることを示しています。反対集会で住民は、「青山のブランドイメージを守る」ことを理由に、受け入れを拒否しました。ほかにも、「地価が下がる」、「その（児童相談所などの）子どもたちはお金がギリギリで、A小学校にいらっしゃるってなったときには、とてもついてこられないし、とてもつらい思いをされるんではないかな。ちょっとかわいそうではないかな」、「休日なんかに（外に）出ると、あまりにも幸せな家族、ベビーカー、着飾った両親、カフェなどでおしゃれにあれして（過ごして）いる……そういう場面と自分の家庭を見たときのギャップというのをどう思うか」などを反対の理由としていました。「子どもがかわいそうだから」を、反対の理由にする人々。彼らは、どこに立って子どもたちを見ているのでしょうか。

実は、私も住民反対運動を何度か経験してきました。ホームレスや困窮者支援のための施設「抱樸館北九州」建設の折、「この町内は、昔、市長公宅があった地域ですよ。あなたたちのような人が来る場所ではない」と反対理由が述べられました。南青山のニュースを見たとき、あの日の情景が浮かびました。この国は本当に貧しくなりました。それはお金の問題ではありません。南青山は、日本でも最も土地が高い地域の一つだと思います。にもかかわらず、実に貧しいと言わざるをえません。それは「他者」がいないからです。傲慢で孤立しており、実に寂しい感じがします。

そのような分断が最も象徴的に表出したのが、二〇一六年六月の相模原津久井やまゆり園事件でした。犯人の青年は、十九人の障がい者を殺害しました。彼は、重い障がいのある人を「心失者」と呼び、「生きる意味のないいのち」だと決めつけました。さらに「障がい者は不幸を作り出すことしかできない」と言い、殺人に及びました。はたして、いのちに「意味のあるいのち」と「意味のないいのち」があるのでしょうか。いのちは、いのちであって一つしかない。

実は、昨年（二〇一八年）七月に、犯人の青年と直接会うことができました。そのとき考えさせられたことは、彼自身が「自分は生きる意味のないいのち」だと思っていたのではないかということです。当時二十六歳の彼は、仕事に就けず、生活保護を受給していました。困窮者や生活保護世帯に対するバッシングが強まる日本社会において、「おまえは意味のある存在か」と彼自身が問われていたのではないか、と私は思いました。「このままでは、自分は分断線の下に置かれ、切り捨てられる。だから、社会の邪魔者である障がい者を殺すことで自分の存在意義を証明しよう」と考えたのではないか。面会の折、「あなたは、事件前、自分は役に立つ人間だったと思いますか」との私の質問に、彼は「僕は、あまり役に立たない人間でした」と答えました。

この事件は、分断線を明確に引いた事件でしたが、同時に、すでにあった分断線上に生じた事件でもあるように思えました。そして、そのような分断、たとえば「生産性があるか、ないか」などの分断圧力は、この社会に暮らすすべての人にかかっていると思います。被告人の彼もまた「時代の子」なのではないか、と私は考えます。しかし、どのような理由があっても殺人は許されません。しかし、この分断社会そのものを問わずして、彼ひとりを処罰するなら、第二、第三の同様の事件が起こるかもしれません。

そのような時代に私たちは、あるいはキリスト教会は、何を語り、行動するのでしょうか。それは「すべての人」をテーマとして掲げることでしょう。「分断」が進む現代社会に抗うことばは、「すべての人」だと思います。そして、その「すべての人」を象徴する場所として「軒的空間」を大切にすることです。「すべての人」と「軒」をいかに体現するかは、今日のキリスト教会の宣教的使命だと信じます。

ルカの福音書のクリスマスの記事は、まさにそのことが明確に示されています。

「さて、この地方で羊飼たちが夜、野宿しながら羊の群れの番をしていた。すると主の御使が現れ、主の栄光が彼らをめぐり照したので、彼らは非常に恐れた。御使は言った、『恐れるな。見よ、すべての民に与えられる大きな喜びを、あなたがたに伝える。きょうダビデの町に、あなたがたのために救主がお生れになった。このかたこそ主なるキリストである』」（二章八～一一節、口語訳）。

「すべての民に与えられる大きな喜び」ということばに注目したいと思います。「すべての民」とはだれのことなのか。それを考えることが分断の時代に生きるためには必要です。「すべての民に」という天使のことばを、「私に」、「私たちに」、「わがグループに」、「わが民族に」と、勝手に言いかえることは許されません。イエスご自身も、「天の父は、悪い者の上にも良い者の上にも、太陽をのぼらせ、正しい者にも正しくない者にも、雨を降らして下さるからである」（マタイの福音書五章四五節、口語訳）と語っておられます。神のわざとは、そういうものなのです。悪い者にも、正しい者にも、つまり、「すべての人に」恵みが注がれている。だれひとり取り残されない。だれひとり神様の恵みから漏れる人はいない。これが本当の福音であるならば、教会にはこれを伝える使命があるのです。

あれから四年になろうとしています。彼女は、今日も教会に来る子どもたちと「軒」の下で過ごしています。施設育ちの彼女です。子どもたちの扱いが実にうまい。最近は「どうでもいいいのち」とあまり言わなくなりましたが、時折沈むこともあります。そんなとき、「『すべての民に与えられる大きな喜び』と聖書に書いてあるよ。すべてには、君も含まれている。君がどう言おうが、そうなんだ」と伝えるようにしています。道のりは長いのですが、私たちには伝えるべきことばがすでに与えられています。

「軒」は、すべての人が集う場所を象徴しています。これからも東八幡キリスト教会は、「軒の教会」であり続けたいと思います。

そのまま抱《いだ》く——抱樸《ほうぼく》とは何か

はじめに

福岡県北九州市八幡東区にその不思議な空間はある。そこは傷ついた人、行き場のない人、とても苦労してきた人がたどり着く場所。三〇の居室とレストラン、デイサービス、サポートセンター、そしてボランティア本部などが同居する。入居に関して条件や資格は一切ない。だから、いずれの制度にも該当しない。法的には「第二種福祉事業」だが、補助金や保険収入はない。お金には常々苦労しているが、「断らない」を貫くためには制度外が基本となる。なぜなら、制度は常に資格や条件を問うてきたし、それが「断る理由」となってきたからだ。

最初の抱樸館は二〇〇七年に下関に誕生した。前年に起きた「下関駅放火事件」を受けての開所だった。その後、二〇〇九年に抱樸館下到津、二〇一〇年に、社会福祉法人グリーンコープとの協働で抱樸館福岡が誕生した。そして二〇一三年、抱樸館北九州が開所した。

以下は、「抱樸館由来」という文章である。

抱樸館由来

みんな抱《いだ》かれていた。眠っているにすぎなかった。泣いていただけだった。これといった特技もなく、力もなかった。重みのままに身を委ね、ただ抱かれていた。それでよかった。人は、そうして始まったのだ。ここは再び始まる場所。傷つき、疲れた人々が今一度抱かれる場所——抱樸館。人生の旅の終わり。人は同じところへ戻ってくる。抱かれる場所へ。人は、最期にだれかに抱かれて逝かねばなるまい。ここは終焉の地。人が始めにもどる地——抱樸館。

「素を見《あらわ》し樸《ぼく》を抱き」——老子の言葉。「樸《ぼく》」は荒木《あらき》。すなわち原木の意。「抱樸」とは、原木・荒木を抱きとめること。抱樸館は原木を抱き合う人々の家。山から伐《き》り出《だ》された原木は不格好で、そのままではとても使えそうにない。だが荒木が捨て置かれず抱かれるとき、希望の光は再び宿る。抱かれた原木・樸は、やがて柱となり、梁となり、家具となり、人の住処《すみか》となる。杖となり、楯となり、道具となってだれかの助けとなる。芸術品になり、楽器となって人をなごませる。原木・樸はそんな可能性を備えている。まだ見ぬ事実を見る者は、今日、樸を抱き続ける。抱かれた樸が明日の自分を夢見る。

しかし樸は、荒木であるゆえに、少々持ちにくく扱いづらくもある。時にはささくれ立ち、棘とげしい。そんな樸を抱く者たちは、棘に傷つき血を流す。だが傷を負っても抱いてくれる人が私たちには必要なのだ。樸のためにだれかが血を流すとき、樸は癒される。そのとき、樸は新しい可能性を体現する者となる。私のために傷つき血を流してくれるあなたは、私のホームだ。樸を抱く――「抱樸」こそが、今日の世界が失いつつある「ホーム」を創ることとなる。ホームを失ったあらゆる人々に今呼びかける。「ここにホームがある。ここに抱樸館がある。」

「抱」は「いだく」、「樸」は「荒木、原木」の意味。『老子』第一九章にある「見素抱樸少私寡欲」からの引用である。「素を見《あらわ》し樸を抱き、私を少なくし欲を寡《すくな》くす。」簡単に言うと、「飾らない姿、素朴な気持ちで、控えめにして、欲張らない」ということ。

私が「抱樸」ということばを初めて知ったのは、大学生時代。作家住井すゑさんの文書の中に、「抱樸」ということばを見つけた。このときの強烈な印象は今も忘れられない。住井さんは小説『橋のない川』で、部落差別との闘いの実相を描いた作家。一九七八年、住井さんは自宅敷地内に「抱樸舎」を建てる。以後、この場所で多くの人々が人権などを学んだ。「抱樸舎」について、『続 地球の一角から』(人文書院)のあとがきで次のように述べている。

「抱樸とは『素を見し樸を抱き』(老子)なのです。樸は〝アラキ〟です。…(中略)…山から伐り出されたままの原木です。ごろんところがされている原木は、一見、不恰好で、何の取柄もなさそうです。しかし原木(樸)は手の施しようで、人間のすみか―家ともなれば、家具ともなります。或いは又精緻な工芸品ともなれば、より高度な芸術品ともなります。つまり樸(原木)は、多種多様の可能性を備えているわけです。人間もそのように、見かけは何のへんてつもないが、内に多種多様の可能性を備えている存在こそ価値があるのではないか? こういう意味で『抱樸舎』となりました。」

これは老子の原意を超えた解釈だと言える。二〇〇四年に北九州市が「ホームレス自立支援センター北九州」を設置することになり、ニックネームの公募があった。これは単なる「愛称」ということではなく、「ホームレス自立支援センター」という名称が就職先との関係において支障となることを心配してのことだった。早速「抱樸館」という名称で応募したのだが、見事に落選。担当者から「難しい」と一蹴された。……確かに難しい。

愛称募集落選から三年後、下関に新しい施設を開所させることになった。先の経緯を知るスタッフから、「あのときの名称を使おう」と声がかかり、名称は「抱樸館下関」にすることになった。そうして抱樸館は誕生した。

抱樸――そのまま抱くこと、そして共にいること

住井さんは、人の手の施しよう次第で原木は様々なものへと変化・成長するという希望を語る。だが、それ以上に私は「そのまま抱く」ことが重要だと思う。大切なのは、変化、成長、あるいは問題解決や自立以上に、「受容」である。結果はどうであれ、原木をそのまま抱く。製材された木は持ちやすく、抱く者にとって都合がいい。しかし「抱樸」はそうではない。原木を原木のまま抱く。人は、生まれたときも、そして死んでいくときもそのように抱かれる。「成長」や「可能性」はその後のことだ。「多種多様の可能性」を原木はもっている、と住井さんは指摘する。ならば余計に、結果がすぐさま出なくても抱き続ける。あるいは、そのままであってもいい。「可能性」という未来が大事なのではない。今生きていること、現に生きていることが重要なのだ。「抱樸」は、「共にいる」ことの価値なのだ。

一般に支援と言えば、「問題解決」を意味する。よって、支援は「処遇」の勝負となる。「処遇」とは個々の問題や課題に対してどのような手当てをするかということだ。制度の

活用、社会資源との連携、また心理的医療的処置などを駆使して問題を解決する。支援者は「何をしてあげることができるか」を追求してきた。だから、支援は「行為」としてとらえられてきた。このような支援は「変化を促す支援」だと言える。「自立支援」は、その最たるものだ。家のない人には家を、仕事のない人には仕事を。「処遇（行為）」と「結果」が常に問われた。その意味で、自立支援は「自立」という一点に集中するゆえに「点の支援」と言える。

しかし、今日のような「不安定」で、かつ「孤立」が深刻化した社会においては、「点の支援」だけでは足りない。たとえば「非正規雇用」の場合、いったん再就職しても、数年後、第二の危機、第三の危機が訪れる。そのとき、だれに「助けて」と言えるかが勝負となる。

さらに、「孤立」は自分の状況把握、すなわち自己認知を困難にする。たとえば、孤立している人ほど「自分がどれだけ危機的な状態にあるか」を認識できない。なぜならば、人は他者との関係の中で自らを知るからだ。この他者が不在、すなわち孤立状況の中では自分が何者かがわからなくなり、抱えている問題さえ認識できない。孤立状態にある人が「助けて」と言わないのは、そのためだ。自己認知には「他者性」が不可欠なのだ。重要なのは、とにもかくにも「共にいる」ということ。「点の支援」のみならず、「線の支援」が必要なのだ。「抱樸」とは、そのまま抱くこと、とにかくつながること、共にいることだ。

この二つの「支援」の形は、聖書における「神の救い」のイメージと共通している。多くの人は「救い」を、イエスがなされた数々の奇跡に見いだす。病気の癒し、給食の奇跡、嵐と波を静める、そして、死人の蘇生。あるいは、「十字架の贖い（罪の贖い）」は救いそのものである。これらは神の行為、あるいは御業であり、端的に問題が解決されることを意味している。

一方でマタイの福音書の冒頭に登場する「もう一つの救い」がある。「クリスマス——救い主誕生」の場面で天使はヨセフにこのように告げた。


「彼がこのことを思い巡らしていたところ、見よ、主の使いが夢に現れて言った。『ダビデの子ヨセフよ、恐れずにマリアをあなたの妻として迎えなさい。その胎に宿っている子は聖霊によるのです。マリアは男の子を産みます。その名をイエスとつけなさい。この方がご自分の民をその罪からお救いになるのです。』このすべての出来事は、主が預言者を通して語られたことが成就するためであった。『見よ、処女が身ごもっている。そして男の子を産む。その名はインマヌエルと呼ばれる。』それは、訳すと『神が私たちとともにおられる』という意味である。ヨセフは眠りから覚めると主の使いが命じたとおりにし、自分の妻を迎え入れたが、子を産むまでは彼女を知ることはなかった。そして、その子の名をイエスとつけた」（一章二〇～二五節）。

天使は、救い主を「インマヌエル」と言う。つまり「神が共にいてくださる」という事実である。これは、問題解決以前の神の働きであり、問題が解決されようが、されまいが、「神が共にいる」ということを意味している。

人は、奇跡を起こし、危機から私たちを救出する神に期待する。あらゆる宗教において「ご利益信仰」は否定できない現実だ。それは不信仰ではない。しかし願いがかなわないとき、私たちは、「信仰が足りない」と自らを責めるか、「神はどこにおられるのか」と嘆くしかなくなる。

そんな私たちに、「インマヌエル（神が私たちとともにおられる）」が告げられる。どんな苦難の中に置かれたとしても、それは神が見放した結果ではない。そうではなく、その苦難、つまり十字架を負わなければならないような事態において、神は「共に」いてくださるのだ。孤立が支配するこの時代において「インマヌエル」は「救い」そのものだと言える。

「点の支援」をおおらかに包むような支援、あるいは「点の支援」を下支えするような「通奏低音」のような支援、それが「共にいる」という「線の支援」である。私たちは、それを「伴走型支援」と呼んだ。「共にいる＝抱樸」の「状態」が、「処遇の支援」をより円滑にする。抱樸では、「自立支援」よりも「人生支援」ということを強調してきた。そこには「インマヌエル＝共にいる」という神のイメージが重ねられている。

だから私たちは、「支援者が被支援者に対して何かを与える、してあげること」としてのみを支援ととらえない。何もできず、ただ、ただ、話を聞くしかない時がある。でも、ともかく「共に」いる。もはや、「支援」などということばも不要なのかもしれない。私たちは、共にいるしかできない。

いつか原木が使命を果たす日が来る。それがいつなのかは、だれも知らない。私たちは、「人はいつか変わる」という希望を語りつつ、一方で「変わらなくても、人は共に生きる」と、宣言してきた。

弱さ——始まりも、そして終わりも

「みんな抱《いだ》かれていた。眠っているにすぎなかった。泣いていただけだった。これといった特技もなく、力もなかった。重みのままに身を委ね、ただ抱かれていた。それでよかった。人は、そうして始まったのだ。ここは再び始まる場所。傷つき、疲れた人々が今一度抱かれる場所——抱樸館。」

人は、抱かれつつ生まれる。自立的でもなく、孤立状態でもないなかで誕生する。いや、そうでなければ誕生できない。身を委ね、抱かれることによって、人は育つ。「人がひとりでいるのは良くない」（創世記二章一八節）。この「弱さ」こそが、始まりの姿なのだ。

ここで登場する「重みのままに身を委ね」という一文は、星野富弘さんの詩の引用である。星野さんは群馬県に生まれ、一九七〇年、大学を卒業後、中学の体育教師となる。クラブ活動中の模範演技で鉄棒から落下、頸髄を損傷し、手足の自由を失う。苦闘の日々の後、一九七二年、口に筆を持ち、絵と文字を書き始める。一九七四年、病床で「洗礼」を受け、キリスト者に。彼の絵と彼のことばは人々を慰めた。星野さんのことばの背景には聖書があるのだが、その中で次の詩が心に響いた。

「何のために
生きて いるのだろう
何を喜びとしたら
よいのだろう
これから どうなるのだろう

その時 私の横に
あなたが一枝の花を

置いてくれた
力をぬいて
重みのままに 咲いている
美しい花だった」

この詩における「あなた」は、彼を一貫して支えた母親のことだという。母の存在が神の存在と重なって読み取れる。懸命に息子を支える母親の姿に神を感じていたのだろう。何もできない。自分では食事もできず、排泄もままならない。星野さんは、あの日、「生まれた日」、「始まりの日」に戻らされたのだ。絶望が支配しようとしたその時、母親が置いた一枝の花。「力を抜いて重みのままに咲いている美しい花」の美しさに自分のあるべき姿を見た。

他者に身を委ねて生きているというのは、人の原点を示す。「特技や力」が認められたから、愛されたのではない。「有用」だから受容されたのでもない。眠ることと泣くことしかできない赤子は、「弱者」だから抱かれたのだ。人はみな「弱者」として生まれてきたのだ。放置されたなら、すぐに死んでしまう。裸で生まれるということは、守る術《すべ》をもっていないということなのだ。

さらに人の出産はすべて難産である。どうしても人の助けが必要である。これは、他の動物との最大の違いである。しかし、この「弱さ」ゆえに、人は家族や社会、すなわち「身を委ねる他者」を必要とした。「弱さ」こそが、強い愛を引き出す契機となったのだ。

しかし、人は成長し本質を見失う。「大人とは自立した人であり、だれにも頼らず、自己責任で生きること」と思い込んだ。「ひとりで生きる。それが立派な大人だ」と考え始める。「自己責任を果たす」、「他人に迷惑をかけてはいけない」と強弁する社会には、「孤独」と「寂しさ」があふれた。

パウロには「肉体のとげ」、すなわち何らかの「障がい」があったという。彼は、それに悩んでいた。「弱さ」が取り去られるように神に繰り返し祈った。今も障がい者差別は後を絶たない。ましてや二千年前の話。当時、障がいや病気は神の祝福から漏れた証拠とされた。パウロにとって「肉体のとげ」は、不自由と同時に、神の伝道者としてはどうにも格好のつかない事態であった。

そのパウロが神のことばを聴いた。

「その啓示のすばらしさのため高慢にならないように、私は肉体に一つのとげを与えられました。それは私が高慢にならないように、私を打つためのサタンの使いです。この使いについて、私から去らせてくださるようにと、私は三度、主に願いました。しかし主は、『わたしの恵みはあなたに十分である。わたしの力は弱さのうちに完全に現れるからである』と言われました。ですから私は、キリストの力が私をおおうために、むしろ大いに喜んで自分の弱さを誇りましょう。ですから私は、キリストのゆえに、弱さ、侮辱、苦悩、迫害、困難を喜んでいます。というのは、私が弱いときにこそ、私は強いからです」(コリント人への手紙第二、一二章七～一〇節)。

結果、弱さを否定するのではなく、「弱さこそが強さである」という逆説的真理にパウロは生きるようになる。「重みのままに身を委ねる」道を彼は歩んだ。

そして、人生の旅の終わり――

「人生の旅の終わり。人は同じところへ戻ってくる。抱かれる場所へ。人は、最期にだれかに抱かれて逝かねばなるまい。ここは終焉の地。人が始めにもどる地――抱樸館」

人は、だれかに抱かれて誕生し、だれかに抱かれて死んでいく。人の最初と最後は「抱かれる」のだ。人は能動的に生きていると思っているが、実はその期間はそう長くはない。最初の受け身形と最後の受け身形の間にすぎない。そして、この「自立の時期」さえも、実は多くの人に助けてもらって生きている。いや、生かされているのだ。

旧約聖書に登場する義人ヨブは、突如として彼を襲った苦難の中で、自らの人生を次のように総括する。「主は与え、主は取られる。主の御名はほむべきかな」（ヨブ記一章二一節）。ヨブは、「自分は生かされている」と確信している。人生は、自分が獲得したものではなく、「与えられた」にすぎない。「自分が生きてきた」のではなく、「自分は生かされてきた」のだ。最後に人は喪失の時を迎える。しかし、ヨブは、これも「失った」ではなく「取られた」と言う。能動の世界の中に受動を見いだすこと、それが信仰だ。それゆえに、神に身を委ねて生きようとするヨブは、苦難さえも「与えられた」と言う。ヨブにはなれないが、学ぶことはできる。一見非主体的に見えるが、そうではない。目の前の現実に立ち向かい、何があっても「これが自分に与えられた人生である」と身を委ねて生きていく。

「所詮人はひとりで生まれ、ひとりで死んでいくのだ」と言う人がいる。だが、それは現実ではない。人は与えられて生まれ、取られるなかで死んでいく。この人の本質を蔑ろにし、なんでも「自己責任」「ひとりでやれ」と言う社会は間違っている。

抱樸とは身を委ねることである。「抱く」は、同時に「抱かれる」ことを意味する。看取る場所は、看取られる場所となる。自立が強調され過ぎ、孤立が進む現代社会において、本質的には自立する（ひとりで立つ）ことなど不可能であるという原点に立ち返る。それが抱樸である。

原木を抱く――条件なし！

「『素を見《あらわ》し樸《ぼく》を抱き』――老子の言葉。『樸《ぼく》』は荒木《あらき》。すなわち原木の意。『抱樸』とは、原木・荒木を抱きとめること。抱樸館は原木を抱き合う人々の家。山から伐《き》り出《だ》された原木は不格好で、そのままではとても使えそうにない。だが荒木が捨て置かれず抱かれるとき、希望の光は再び宿る。」

「樸」は、原木・荒木を指す。「原木のままでは使いものにならない」、「製材所に送られ、きれいに整えられたら受け入れてあげる」と皆が言う時代。しかし整えることは「自己責任」であり、それができない人は、「自業自得」と言われる。この国の制度は「申請主義」を原則としている。結果、多くの困窮者が放置された。なぜならば、困窮が深いほど、人は「助けて」と言えなくなるからだ。

振り返ると、国も社会も人間関係も、そして教会もずいぶん条件を付けてきた。「抱樸」はそういう条件を放棄する。原木は原木にすぎず、そのままでは使えない。だが原木は生きている。そのことをまず喜ぶ。問題があろうが、原木がそのまま抱かれることが重要なのだ。いや、問題があるからこそ抱かれねばならないのだと言える。

イエスはこのように述べておられる。

「医者を必要とするのは、丈夫な人ではなく病人です。わたしが来たのは、正しい人を招くためではなく、罪人を招くためです」（マルコの福音書二章一七節）。

正しい人が歓迎されるのが社会の常識だ。だが、イエスは「罪人を招くために来た」と言われる。原木を抱くとは、そういうことなのだ。原木は、ありのままの人であり、罪人のこと。イエスは、原木・罪人を抱くために来られた。「悔い改めて、正しい人になったら抱いてあげる」などとイエスは言わない。この福音（良き知らせ）が差別と排除、分断が進む現代社会に対する「対抗文化」となる。

ナチス・ドイツは、障がい者を「生きるに値しない生命」として抹殺した。七万人以上の障がい者がガス室で殺されたという。現在、日本各地でヘイトスピーチが収まらない。二〇一六年には、相模原市で一九人の障がい者が殺された。「障がい者は生きる意味のないいのち」が、犯行の動機だった。抱樸は、こういう社会と闘うために生まれた。

パウロは初代教会のメンバーについて、実に率直に述べている。

「兄弟たち、自分たちの召しのことを考えてみなさい。人間的に見れば知者は多くはなく、力ある者も多くはなく、身分の高い者も多くはありません。しかし神は、知恵ある者を恥じ入らせるために、この世の愚かな者を選び、強い者を恥じ入らせるために、この世の弱い者を選ばれました。有るものを無いものとするために、この世の取るに足りない者や見下されている者、すなわち無に等しい者を神は選ばれたのです。肉なる者がだれも神の御前で誇ることがないようにするためです。しかし、あなたがたは神によってキリスト・イエスのうちにあります。キリストは、私たちにとって神からの知恵、すなわち、義と聖と贖いになられました。『誇る者は主を誇れ』と書いてあるとおりになるためです」（コリント人への手紙第一、一章二六～三一節）。

「無に等しい者」。「樸（原木）」とはそういうことである。だが、教会は、原木によって形成されたのだ。抱かれた原木は謙虚に生き、自分を誇ることをしない。誘惑が襲う。自分がいかにも「銘木である」かのように装いたくなる。だが、そんな必要はない。だいたい一瞬だませても、すぐにバレるのが落ちだ。バレていいのだ。神は、この世には「無に等しい」原木をそのまま召されたのだから。イエスが負われた十字架は、荒木を組み合わせたものだったと思う。イエスは、まさに原木を背負い、ゴルゴタの丘へと歩まれた。あの十字架の原木は「無に等しい者」、そう、「ありのままの私」だった。イエスは、「無に等しい、ありのままの私」を背負い（抱き）、悲しみの道を行かれたのだ。

原木には使命が与えられる

「抱かれた原木・樸は、やがて柱となり、梁となり、家具となり、人の住処《すみか》となる。杖となり、楯となり、道具となってだれかの助けとなる。芸術品になり、楽器となって人をなごませる。原木・樸はそんな可能性を備えている。まだ見ぬ事実を見る者は、今日、樸を抱き続ける。抱かれた樸が明日の自分を夢見る。」

原木は、抱かれることによって「変化」する。なぜならば、「抱かれる」ということは、他者と出会うということだからだ。他者との出会いが「自分とは何者であるか」を知らしめる。人は、ひとりでは自分を認識することもままならない。出会いの中で、人は自分に与えられた使命（ミッション）を見いだす。「出会い」と「抱き」がなければ、原木はいつまでも原木のままなのだ。

ヨハネの福音書に次のような箇所がある。

「さて、祭りで礼拝のために上って来た人々の中に、ギリシア人が何人かいた。この人たちは、ガリラヤのベツサイダ出身のピリポのところに来て、『お願いします。イエスにお目にかかりたいのです』と頼んだ。ピリポは行ってアンデレに話し、アンデレとピリポは行って、イエスに話した。すると、イエスは彼らに答えられた。『人の子が栄光を受ける時が来ました。まことに、まことに、あなたがたに言います。一粒の麦は、地に落ちて死ななければ、一粒のままです。しかし、死ぬなら、豊かな実を結びます。自分のいのちを愛する者はそれを失い、この世で自分のいのちを憎む者は、それを保って永遠のいのちに至ります』(一二章二〇〜二五節)。

ヨハネの福音書の成立は紀元一〇〇年ごろ。紀元七〇年にユダヤ戦争が起こり、ローマとの戦いに敗れたユダヤは国を失い、民は離散していった。しかし、この民族的危機が新しい出会いのチャンスとなる。もともとヘブライ(ユダヤ)で生まれたキリスト教が、ヘレニズム(ギリシア・ローマ)世界へと広がっていく。「異質なものとの出会い」。それがヨハネの福音書のモチーフだ。

登場する「ギリシア人」は「非ユダヤ人」のことで、ユダヤと非ユダヤの出会いの場面である。ピリポとアンデレは、イエスの十二弟子の中でギリシア風の名前をもつ弟子。相当ギリシアを意識している。イエスは、ギリシアからの訪問者に対して、「人の子が栄光を受ける時が来ました。……一粒の麦は、地に落ちて死ななければ、一粒のままです。しかし、死ぬなら、豊かな実を結びます。自分のいのちを愛する者はそれを失い、この世で自分のいのちを憎む者は、それを保って永遠のいのちに至ります」と語る。「栄光を受ける時」は、十字架の時が近づいていることを意味する。「一粒の麦が地に落ちて死ぬ」は、まさに十字架の死を思わせる。それは、犠牲の死、あるいは贖罪の死として理解されてきたが、「麦が地に落ちる」というたとえに、「異質なものとの出会い」という意味を見いだすことも、あるいは可能だと私は思う。

ユダヤで生まれたキリスト教が、非ユダヤとの出会いの中で広がっていく。他者との出会いが変化を及ぼすのだ。この点で、「一粒の麦が地に落ちて死ぬ」は、おもしろいたとえであると言える。

子どものころ、銀行や郵便局でよく袋に入った花の種をもらった。引き出しに放り込み、いつのまにかそのことさえも忘れてしまった。数年後、引き出しの奥から見つかる袋入の種は、何年経っても種のままだった。種は種だけでは芽を出すことができない。しかし、いったん土の中に埋められると、芽吹き、花を咲かせる。種にとって土中は異界である。暗く、ミミズやヘンテコな虫がおり、細菌、バイ菌もウヨウヨいる。それは種（麦）にとって「死」の体験だ。しかし、そういう出会いの中で種は花を咲かせ、麦は実を結ぶ。自分だけの場所から一歩踏み出し、他者の中で生きる。すると、思いがけない変化が起こり、自分の新しい役割（ミッション）を見いだすことができる。

イエスは、そのような麦のことを自身の事柄としてとらえたのだと思う。十字架の出来事とは、神ご自身が、異界である人の世界に誕生し、人という異質の存在の中で過ごし、さらに十字架において死ぬということだった。パウロは、そのような神のあり方をピリピ人への手紙でこう述べている。

「キリストは、神の御姿であられるのに、
神としてのあり方を捨てられないとは考えず、
ご自分を空しくして、しもべの姿をとり、
人間と同じようになられました。
人としての姿をもって現れ、
自らを低くして、死にまで、
それも十字架の死にまで従われました。」（二章六〜八節）

不変であるはずの神が、神であることを固守せず、人の世界に来て、人になられる。この出会いの結果、十字架の死が訪れる。しかし、その死こそが新しいいのちの始まりとなった。異質との出会いが新しいいのちをもたらすのだ。キリスト教は、十字架と復活を中心に据えた。十字架抜きの復活はなく、十字架こそが新しいいのちの始まりとなる。出会いはときとして、これまでの自分に対する死を迫る。正直言って怖い。だからこそ、私たちは復活の信仰に生きなければならない。

一方で、出会っても何も変わらないのなら、それは本当には出会っていないことを意味する。何一つ失わず、何も死なないままでは新しいいのちは宿らない。先のヨハネの福音書で「自分のいのちを愛する者はそれを失い、この世で自分のいのちを憎む者は、それを保って永遠のいのちに至ります」というイエスのことばは、出会いなき生を指摘している。

そう考えると、「抱《いだ》かれる」というのは、「安心」や「心地良い」ということだけではすまない。それは異質との出会いであり、これまでの自分がいったん死ぬような体験である。原木が、柱や梁、家具という新しいいのちとして生まれるには、そのような他者との「出会い」、すなわち十字架を伴うような出会いが必要なのだ。

抱樸館は、異質な者が出会い、共に生きる場所である。ときには喧嘩もする。原木同士が傷つけ合う。それでも出会い続けるしかない。傷つくような抱《いだ》き合いの中で人は「明日の自分を夢見る」のだ。

ヘブル人への手紙には、このようなことばがある。

「信仰とは、望んでいる事がらを確信し、まだ見ていない事実を確認することである」（一一章一節、口語訳）。

抱樸は信仰的態度である。抱かれたときは原木にすぎない。「即戦力」を求める現代社会において原木は意味をなさない。だが、信仰者は「まだ見ていない事実」を見る。この箇所を新共同訳聖書は、「信仰とは、……見えない事実を確認すること」と訳している。口語訳の「まだ見ていない事実」という表現では「今見えていないが、いずれこの先見えてきます」という時間の問題として読めるが、新共同訳の「見えない事実」となると、「今現在確かにあるが、見えないだけです」というように読める。信仰とは「確かにあるが、見えない」ものを確信することなのだ。原木を教育し、あるいは矯正し、立派な家具に仕立てあげるのではなく、神がその人に与えた使命や役割を尊重することだ。仏像を創る人は、「原木の中にある仏を彫り出しているだけ」と言う。そうなのだ。すでに「ある」ものが現れるのを待つ。それが抱樸である。しかし、ひとりぼっちで待ってはいけない。抱《いだ》かれながら他者の中で待つのだ。他者に抱かれ、信じられ、確信されることによって、自分の中にすでに「ある」ものを確信する。「明日の自分を夢見る」は、幻想ではない。本当の夢は予見である。信仰とは予見の業なのだ。

絆は傷を含む

私たちの「抱樸」の解釈において最も特徴的なのが、「絆は傷を含む」ということである。これは老子にも住井さんにもない意味づけである。文中には「キリスト」も「十字架」も出てこないが、最もキリスト教の影響を受けた部分だと言える。そもそもＮＰＯ法人は、宗教活動が禁じられている。だが、以下の部分は聖書との対話の中で生まれた。

「しかし樸は、荒木であるゆえに、少々持ちにくく扱いづらくもある。時にはささくれ立ち、棘とげしい。そんな樸を抱く者たちは、棘に傷つき血を流す。だが傷を負っても抱いてくれる人が私たちには必要なのだ。樸のためにだれかが血を流すとき、樸は癒される。そのとき、樸は新しい可能性を体現する者となる。私のために傷つき血を流してくれるあなたは、私のホームだ」

抱樸の中心に十字架が立っている。イエスは十字架で血を流された。それは「だれのため」だったのか。それは「他者のため」だった。キリスト教は、十字架を「贖罪」と理解し、「イエスは他者のさばきをわが身に負われ、それにより人は贖われた」と理解した。だが、私たちはイエスと違い、人が他人の罪を贖うことなどできない。刑法上も身代わりというわけにはいかない。その点で抱樸は贖罪を意味しない。しかし、イエスが十字架において示されたのは、贖罪のみならず、人と出会うと、ましてや「愛すると、傷つく」という現実なのだ。支援現場で私たちが繰り返し経験したのは、そのことだった。互いに抱き合う関係となると、「傷」もおのずと深くなる。「絆は傷を含む」。これは実感であり、経験から生まれたことばでもある。ことば遊びにすぎないが、「絆」を平仮名で書くと、「きずな」である。最初の二文字は「きず（傷）」である。

僕は、原木であり荒木だ。ささくれ立ち、棘とげしい。それを抱《いだ》きとめる。抱こうとする者は当然のことながら、抱かれるほうもまた傷つく。みんなこの現実を知っているから、出会いを忌避する。出会うと、無事ではいられない、出会うと、しんどく、うっとうしい。時間を取られ、金もかかる。「自分のことだけで精一杯」と思っている人は出会わない。出会わないのが得だし、安全だと思い込んでいるが、結果は一番危険な選択となる。血を流してでも自分を引き受けてくれる人の存在がなければ、私たちは自分の危機にも可能性にも気づくことさえできない。

ルカの福音書一〇章には、有名な「善きサマリア人」と呼ばれるイエスのたとえ話がある。

「ある人が、エルサレムからエリコへ下って行ったが、強盗に襲われた。強盗たちはその人の着ている物をはぎ取り、殴りつけ、半殺しにしたまま立ち去った。たまたま祭司が一人、その道を下って来たが、彼を見ると反対側を通り過ぎて行った。同じようにレビ人も、その場所に来て彼を見ると、反対側を通り過ぎて行った。ところが、旅をしていた一人のサマリア人は、その人のところに来ると、見てかわいそうに思った。そして近寄って、傷にオリーブ油とぶどう酒を注いで包帯をし、自分の家畜に乗せて宿屋に連れて行って介抱した。次の日、彼はデナリ二枚を取り出し、宿屋の主人に渡して言った。『介抱してあげてください。もっと費用がかかったら、私が帰りに払います。』この三人の中でだれが、強盗に襲われた人の隣人になったと思いますか」(一〇章三〇〜三六節)。

律法学者がイエスを試みようと、「何をしたら永遠のいのちが受けられますか」と問うた。イエスは、律法にはどう書いてあるかと逆に尋ね、律法学者は、神を愛することと「隣人を自分自身のように愛せよ」と書かれていると答えた。そこでイエスが「そのとおり行え」と言われると、律法学者は、自分の正しさを示そうとして、「では、私の隣人とはだれですか」と再びイエスに尋ねた。この問いにイエスは、たとえ話を用いてお答えになった。それが「善きサマリア人のたとえ」である。

「だれが隣人か」との問いに「その人にあわれみ深い行いをした人です」と律法学者は答えた。イエスは、「あなたも行って、同じようにしなさい」と言われた(同三七節)。

今日の社会では祭司やレビ人に共感を覚える人のほうが多い。どちらかというと、サマリア人こそ「やり過ぎ」だし、「異常」に見える。祭司やレビ人は、道の向こう側を通り過ぎる「正当なる理由」を準備していたかもしれない。祭司は大事な礼拝があったのかもしれないし、レビ人は律法に厳密であるゆえに「血に触れる」ことを禁じた掟に従って関われないと考えたのかもしれない。また、ユダヤ人とサマリア人は犬猿の仲で、「助ける」ほうが普通ではない状況だった。サマリア人の行いは、時間も手間もお金もかかり、ハイリスク。そうまでして他人を助ける必要はない。これが現代人の考えであり、そこからすればサマリア人は「相当変わり者」と言える。

だが、イエスは「この三人の中でだれが、強盗に襲われた人の隣人になったと思いますか」と問う。さらに、「あなたも同じようにしなさい」と。「愛とは犠牲を伴う」ということが言いたいのか。確かに本当の愛は、傷を伴う。しかし、それだけではないと思う。私は、ここに一つのアイロニー（皮肉）を見る。つまり、祭司もレビ人も、いわば「自分を守るために道の向こう側」を通り過ぎて行ったのだ。だが、皮肉なことに「はたしてそれが自分を守ることになっているのか」とイエスは問う。そもそも、このたとえ話は、「何をしたら永遠のいのちが受けられますか」という質問を受けて語られたものだ。だから、たとえ話のテーマは、「自分を生かすにはどうしたらよいのか」という点である。

マタイの福音書一〇章には、「自分のいのちを得る者はそれを失い、わたしのために自分のいのちを失う者は、それを得るのです」（三九節）というイエスのことばがある。危険を回避するために他者と関わらないことを決断するが、それが、結局いのちを失うことになる。「関わると大変」、私たちは「損得の計算」に長けている。傷つかないように、傷つけられないように瞬時に「得」なほうを選ぶ。だが、イエスはそのようなあり方に対して「そのほうがいのちを失う」と教えたかったのではないか。あのたとえ話は、単純に「愛のために犠牲を払いなさい」というものではなく、人が本当に幸せに生きていくには出会いが必要で、しかも「そのまま抱くような危険な出会い」が必要であることを示していると思う。

マルコの福音書はイエスの最期をこのように記録している。

「通りすがりの人たちは、頭を振りながらイエスをののしって言った。『おい、神殿を壊して三日で建てる人よ。十字架から降りて来て、自分を救ってみろ。』同じように、祭司長たちも律法学者たちと一緒になって、代わる代わるイエスを嘲って言った。『他人は救ったが、自分は救えない。キリスト、イスラエルの王に、今、十字架から降りてもらおう。それを見たら信じよう。』また、一緒に十字架につけられていた者たちもイエスをののしった」(一五章二九～三二節)。

イエスを殺した人々でさえ、「(イエスは)他人を救った」と認めている。イエスが他人のために生き、他人のために死んだことを認めながら、彼らはそのイエスを「嘲弄」する。「嘲弄」とは、あざけりバカにして笑うこと。他人のために苦労するような生き方が「笑われる」。それは、イエスの時代も、そして現代それが現実だ。「人がいい」は揶揄《やゆ》のことばとなった。しかし「お人よし」の何が悪いのだ。

他人のためにがんばる人を、「そんなことをしたら甘やかすだけだ」と批判し、高見の見物をする人は、その場所が「安全だ」と思い込んでいる。だが、はたしてそうだろうか。リスクを避ける究極の手段は「出会わないこと」だと多くの人が考えるが、それで本当に「安全」か。元来、ひとりでは生きることができない人間が、「出会わない」「関わらない」となると、それこそ危険なのではないか。本当の安全は、本当のいのちは、人とつながることなのだ。

旧約聖書は、「傷つく者」として救い主を描いてきた。

「まことに、彼は私たちの病を負い、
私たちの痛みを担った。
それなのに、私たちは思った。
神に罰せられ、打たれ、苦しめられたのだと。
しかし、彼は私たちの背きのために刺され、
私たちの咎のために砕かれたのだ。
彼への懲らしめが私たちに平安をもたらし、

その打ち傷のゆえに、私たちは癒やされた。」（イザヤ書五三章四～五節）

救い主は他者の痛みを負う。救いとは、私のためにだれかが傷ついてくれることなのだ。「抱樸」が目指す社会は、「傷を前提とした社会」である。その傷が本当の「癒し」をもたらす。ただ、私たちは、イエスにはなれない。傷をひとりで担うには勇気も力も忍耐も、何もかもが足りない。だから、私たちは「社会」を形成した。社会とは、「より多くの人がだれかのために健全に傷つくための仕組み」なのだ。地域も、教会も、本来の社会の意味を取り戻さなければならない。

そもそもイエスは、「赤の他人」の罪を負われたのではないか。それは「無縁の縁」だ。神と人、神と私は「絶対的他者」であり、元来無縁なのだ。「絶対他者」、あるいは「赤の他人」が私のために十字架にかかってくださった。「無縁」に「縁」を結ぶ。それがイエス・キリストの福音である。

「抱樸」の主体は「赤の他人」である。赤の他人が赤の他人のために「健全に傷つく」。それが、抱樸である。「傷」は相互豊穣の契機となる。

おわりに――ホームとなる

「抱樸由来」は、次のことばで結ばれている。

「僕を抱く――『抱僕』こそが、今日の世界が失いつつある『ホーム』を創ることとなる。ホームを失ったあらゆる人々に今呼びかける。『ここにホームがある。ここに抱僕館がある。』」

私たちは、「ホームレス」となった人々とともに「新しいホーム」を創りたいと思う。現実は厳しい。抱僕館が開所するたびに住民反対運動に見舞われる。今後もそれは続くだろう。しかし、やめるわけにはいかない。反対運動は多くの人を傷つける。だが、地域がホームとなるためには、この傷もまた必要なのだと信じる。それは、ホームを生み出すプロセスなのだ。十字架は出会った証拠だ。十字架なき出会いなどあり得ない。私たちは十字架の先に復活のいのちを見る。

いや、あなただ——悪の外在化について

「夕方になって、イエスは十二弟子と一緒に食事の席につかれた。そして、一同が食事をしているとき言われた、『特にあなたがたに言っておくが、あなたがたのうちのひとりが、わたしを裏切ろうとしている』。弟子たちは非常に心配して、つぎつぎに『主よ、まさか、わたしではないでしょう』と言い出した。イエスは答えて言われた、『わたしと一緒に同じ鉢に手を入れている者が、わたしを裏切ろうとしている。たしかに人の子は、自分について書いてあるとおりに去って行く。しかし、人の子を裏切るその人は、わざわいである。その人は生れなかった方が、彼のためによかったであろう』。イエスを裏切ったユダが答えて言った、『先生、まさか、わたしではないでしょう』。イエスは言われた、『いや、あなただ』。

一同が食事をしているとき、イエスはパンを取り、祝福してこれをさき、弟子たちに与えて言われた、『取って食べよ、これはわたしのからだである』。また杯を取り、感謝して彼らに与えて言われた、『みな、この杯から飲め。これは、罪のゆるしを得させる

ようにと、多くの人のために流すわたしの契約の血である』」(マタイの福音書二六章二〇~二八節、口語訳)。

はじめに──二〇一五年九月十九日

二〇一五年九月十九日、安保法案が可決された。この国は再び戦争へ歩みだした。これ以上前進させてはいけない。若者が殺され、殺し合う。だれがそんなことを望んだのか。多くの人々は自分ではないと思っている。そして、多くのキリスト者もそう思っている。若者たちや多くの人々が抗議の声を上げた。立憲主義を逸脱した国会議員だけが問題なのではない。かつてナチスが登場したとき、人々は圧倒的な支持と歓喜の中でヒトラーを迎えたという。そこには「民衆の意思」があった。国会前で声を上げた若者たちは、「自分のことばで語ること」が民主主義であることを示した。国を問うとともに自らを吟味する必要を彼らは示してくれた。

私たちは今一度、若者らが自らを吟味したように、自分を問わなければなるまい。「あの日、私は何をしていたのか。あの日、私は何を祈ったのか」と。私たちは、自分を吟味しなければならない。

「絶対許せない」時代を生きる

二〇一五年十一月十三日、フランスのパリで同時多発テロが起き、一三〇名の生命が奪われた。「ISIS（イスラム国）」の戦闘員によるものとされている。事件以降、多くの国がシリアのイスラム国に対して報復の爆撃を行った。このような事件に「悪」を見ない人はいない。当然これは許されざる事態である。この「悪」に対して、私たちはどう対峙するのか。聖書を学び、聖書から聴こうとする者たちは、これらの「悪」に対してどのように考えるのか。

各国首脳たちはすぐに声明を発表した。「ドイツ国民の連帯感をフランス側に伝達する」（ドイツ首相メルケル）、「できるかぎりの支援をフランスにする」（イギリス首相キャメロン）、「パリや欧州での残虐なテロ攻撃に抵抗する」（イタリア首相レンツィ）、「野蛮な行為を強く非難する」（中国国家主席習近平）。そして、EU大統領は、「この攻撃はフランスに対するのと同時に欧州全体への暴力だ」と拡大解釈し、アメリカ大統領オバマは、「罪のない市民を恐怖に陥れようとする言語道断の試みだ。パリやフランスだけでなく、人類共通の価値への攻撃だ」と、これもまた世界規模の対立構造を描いて見せた。その後、「人類共通の価値」ということばが、あちこちで言われるようになり、安倍総理も「これは人類共通の価値への攻撃だ」と声を荒げた。

「人類共通の価値への攻撃だ」と言われると、「人類の敵」が登場したように感じる。まるで宇宙人が攻めて来たかのように。オバマ大統領は「テロリストを裁きにかける」、「テロ組織を追いつめる」と公言。事実、これだけの人が殺されたのだから、そう言わざるをえないのもわかる。これは許されざる事態なのだ。

一方で、これらの西欧諸国が、中東でこれまで何をしてきたのかは、ほとんど報道されない。フランス・テロ事件に比べると、シリアのことはほとんど何も載らない。このような情報格差の中で私たちは今回のことを見ているにすぎない。

「絶対許せない」と思う出来事は、日本社会においても数々起きている。

二〇一五年二月には、川崎で中学生が未成年の青年たちに殺された。裸にされ、真冬の川で泳ぐことを強要され、縛られて、後ろから首を切られた。イスラム国の斬首を真似たとも言われている。

四月には、東京の足立区で親が当時三歳の子どもの遺体を捨てた事件が起こった。殺された次男は三か月間、うさぎのケージに入れられ、「排泄すると汚い」という理由で食事は三日に一回しか与えられなかった。ついに、言うことを聞かないという理由で口にタオルを巻かれ、窒息死させられた。三十一歳の父親と二十八歳の母親によって、彼は虐待され、殺されたのだ。こんなことは絶対に許せない。これが人間の仕業か。それでも親か、人間か。

テロ、空爆、そして信じがたい事件の数々。私たちは、「絶対に許せない」時代を生きている。私たちはこの現実をどう考えたらよいのか。悪の問題をどうとらえたらよいのか。

このことについて、聖書から考えたいと思う。

戦争における人間の認識

戦争における人間の認識は二つしかない。一つは、戦争を起こそうとしている「悪の存在がどこかにいる」という認識である。もう一つは、その悪を撃退しようとする「善なる存在が必要である」という認識である。この二つの認識が私たちを戦争へと向かわせる。

「どこかのだれかが攻めて来る」という話から始まり、家族や国を守るために、仕方なく防衛のために戦場に行く。戦争の始まりである。よって参戦は、常に受動的であり、被害者意識から始まる。受動的というのは、その理由を「相手が仕掛けてきたことに対抗した」、あるいは「仕掛けようとしていることに対抗するため」と認識しているということだ。だから、自らの参戦は二次的行為だという認識しかもっていない。それゆえ戦争が起こる場面には、「主体としての自分という存在」がない。つまり、だれひとり自分が戦争を始めたという当事者意識がないのである。この点で、戦争というのは、「主体のない世界」だと言える。戦場に向かう人は「無辜の被害者意識」か、あるいは「悪に立ち向かう正義の意識」しかもっていない。ゆえに、加害者意識は存在せず、「悪」もしくは「罪」に対する当事者意識は存在しない。

あのうさぎのケージに子どもを閉じ込めて殺した親も、「子どもが言うことを聞かなかったからだ」と言う。まるで「言うことを聞かないあの子どもが悪かった」と言わんばかりだ。この親に欠落している第一のものが「愛」であることは明確だが、さらに重大な事柄は、彼らが自らの「悪」を認識していないということである。

戦争をしたいと思っている権力者たちは、戦争の実態や「悪」を国民に見せない。戦争は常に「美しく」、「正義の戦争（正戦）」であり、兵士はたとえ何をしても「英雄」とされる。そのために権力者は「悪」を常に外在化して描く。敵国（と名づけられた国）というう「悪」を見せることで、「悪」は常に外に存在していることとなる。これが戦争のプロパガンダである。「この戦争は正義のための戦いだ。悪に対する戦いだ」という善悪二元論が戦争の基本構造である。自分は常に「善」の側にしかいない。

ヒトラーの後継者といわれたゲーリングは、ドイツ敗戦後にニュルンベルク裁判にかけられた。この人物がギルバートという心理分析官に対して語ったことばが記録されている。

「もちろん、普通の人間は戦争を望まない。しかし最終的には、政策を決めるのは国の指導者であって、民主主義であれファシスト独裁であれ、議会であれ、共産主義独裁であれ、国民を戦争に参加させるのは、常に簡単なことだ。それはとても単純だ。国民には攻撃されつつあると言い、平和主義者を愛国心に欠けていると非難し、国を危険にさらしていると主張する以外には、何もする必要がない。この方法はあらゆる国でも有効だ。」

戦争を起こす方法、しかも簡単に始める方法は、「敵が攻めて来る」と国民に言うことなのだ。「外なる悪」がこちらを狙っている。「悪の外在化」、悪は常に自分の外に存在するという意識が戦争を可能にする、とゲーリングは言ったのだ。

対抗文化としてのキリスト教信仰

この「悪の外在化」に対抗したのがキリスト教信仰であった（と思いたい）。キリスト教は、「悪」や「罪」（この二つを一括りとするかどうかはともかくとして）を自分の外に見いだす「悪の外在化」に対して闘ってきた。「悪」「罪」も自分の中の問題、内在の問題だととらえてきたのがキリスト教信仰であった。

パウロは、ローマ人への手紙において、このように告白している。

「ですから、今それを行っているのは、もはや私ではなく、私のうちに住んでいる罪なのです。……私は本当にみじめな人間です。だれがこの死のからだから、私を救い出してくれるのでしょうか」（七章一七～二四節）。

パウロは、自分のうちに「罪」の存在を見いだし、自分自身を「死のからだ」とさえ言う。この徹底した自己吟味がキリスト教信仰の土台であった。キリスト教信仰は、「悪の外在化」に対抗するカウンターカルチャー（対抗文化）として存在してきたのだ。

今回のフランスの事件、一連の「イスラム国」の事件、さらには九・一一テロなどを「キリスト教とイスラム教との戦い」という構図で語る人がいる。かつてのアメリカ大統領は一方を「悪の枢軸」と呼び、現在のアメリカ大統領トランプはイスラム教徒の入国を拒否すると公言した。しかし、問題の本質は、相手を「悪」と呼び、自国軍を正義の軍隊と称することであり、これが典型的な戦争の認識を醸成させ、国民を戦争へと向かわせるやり方なのだ。

今日、この危機的な状況において「悪」をいかにしてとらえるべきか。このことを整理しなければならない。この課題において、キリスト教信仰が「悪」を外在化してとらえるのではなく、内在するものとしてとらえてきたことは意義あることだ。その結果、悔い改めや懺悔などを大事にしてきた。しかし、戦争遂行のためには、悔いること自体を否定する必要がある。今、この国は危険な状態に近づいている。

罪人の運動

長年にわたり、私たちは北九州市役所とホームレス支援をめぐって対立していた。市は、路上の人々の生活保護の申請を受け付けなかった。いわゆる「水際作戦」である。私たちは、ホームレス状態の人々が利用できる「緊急シェルター」の設置を市側に求めたが、市はこれに応じなかった。対立したまま十年以上が過ぎていた。交渉すること自体に疲れを覚えていた。

二〇〇〇年、「ならば自分たちでシェルターを創ろう」と決意した。そもそもホームレスにとって、行政から支援を受けようと、NPOから受けようと、あるいは道行く人から受けようと、どうでもよい問題であった。「だれが」助けるかではなく、「助かること」が重要だった。長く続いた行政との対立の中で、私たちは「行政がやるべきだ」と繰り返し言ってきた。確かに行政責任は大きい。憲法が定める生存権や基本的人権を守る義務を負っているからだ。しかし、いつのまにか私たちの中に「野宿の人が路上で死んでいくのは、行政が何もしないからだ」という意識が生まれていた。結果、自分の責任、出会った責任が曖昧になり、ただ批判をする存在になっていた。

行政交渉が行き詰まり、また、行政側が私たちの炊き出し活動さえ強制排除したことがきっかけとなり、独自に資金を集め、アパートを五室借り上げ、シェルターを創る。二〇〇一年春のことだった。

私たちは喜んだ。行政ができなかったことを自分たちでやったのだ。九州発の民間型ホームレス自立支援施設は、「自立支援住宅」と命名した。六か月間の入居期間に、様々な自立のためのプログラムを行い、その後、地域へ移行する。

当時、炊き出しには三〇〇人以上が弁当を求めて並んだ。炊き出しにおいて、「自立支援住宅が始まります！」「申し込んでください！」と呼びかけた日のことは忘れない。「やったぞ」という達成感に胸を張った。申し込み人数は七〇人を超えた。「やっぱり、必要がある」「みんな自立を望んでいる」「良かった」という思いが私たちを笑顔にさせた。しかし、その後、私たちから笑顔が消えることになる。

申し込み受付から数日後、「入居者選定会議」が開かれた。部屋は五つしかない、にもかかわらず、申し込みは七〇人を超えていた。七〇人から五人を選ぶということは、六五人を落とすことを意味していた。当初、その深刻さに私たちは気づいていなかった。夕方七時から始まった会議は、十時になっても終わらない。十二時になっても終わらない。深夜に及んだ選考会議の中で、私たちは問われ続けた。いったいだれが「選定」などできるのか。ともかく「お年寄り優先」、「病気の方優先」と考えたが、それも決定打にはならない。「この人は入れ、この人は落とす」。私たちは神ではない。そんな権限をもってはいない。いや、本当の神ならば全員を救ってくださるはずだが、私たちは人間にすぎなかった。現実は五つの部屋しかない。「選ぶこと自体」に罪悪感さえ覚えた。やってはいけないことをしているように思えたのだ。

「この人はまだ大丈夫」と思って落とした人が、明日亡くなるかもしれない。そんな不安がよぎる。若者も年寄りも、路上に暮らすだれもがすでにぎりぎりの状況だ。そんな絶望的な状況に置かれた人に、「アパートに入れますよ」と言ってしまった。期待が高まるのは当然のこと。そのうえで大半の人の願いはかなわない。期待させて失望させる。私たちは、とんでもないことをしているのではないか。いっそ、何もやらなかったほうが良かったのではないか。そんな根本的な問いが何度も私たちの中に浮かんで消えた。

夜中の一時過ぎ、会議は完全に行き詰まった。私はホワイトボードに「罪人の運動」と書き、そしてこう呼びかけた。「僕らがやっていることは罪人の運動だ。何をしても罪人が行う不完全な行為にすぎない。良いことをしている、正しいことをしているという思いは捨てる。罪人としてできることをやる。六五人には泣いてもらう。落とした人が明日亡くなったら、それは僕らの責任だ。言い逃れはできない。僕らが落としたのだ。本当はそんな責任さえ取れないのだけれども。しかし、やるしかない。」その場の全員が静かな覚悟を決めた。私たちは人間にすぎない。イエス・キリストの十字架の赦しを必要としている罪人にすぎないのだ。この事実を抜きに何もしてはいけない。「良いことをしている」ではすまされないのだ。

一週間後、炊き出しの会場で集まった人々に報告した。「自立支援住宅には七〇人が申し込まれました。しかし、部屋は五部屋しかありません。五人しか入れません。それで六五人を落としました。今、この時点ですでに連絡があった人は入れます。この時点で連絡がなかった人は全員、落ちています。本当に申し訳ない。今回は、主にお年寄りと病気の人を優先しました。しかし落ちた人の中でも、俺も年寄りだと言いたい人もいると思う。俺も病気だと言いたい。本当にそうだと思う。赦してほしい。すみません。それでも僕らは自立支援住宅を始めようと思う。たった五室だけど、やる。やらせてほしい」と呼びかけた。炊き出し会場は、一瞬静かになった。その後、野宿のおやじさんたちが拍手をし始めた。列の中から、「奥田、がんばれよー」「やれーっ」との声がかかった。少し赦された気持ちになった。そして二〇〇一年五月四日、自立支援住宅は開所した。

人間は神ではない。マザー・テレサでさえ、だれかを傷つけながら人を助けていたに違いない。それが現実だ。人間の好意とは何か。人間の善意とは何か。しっかり自問しないといけない。そうでなければ戦争になる。なぜならば、自分を善の側に置いて、だれかを悪の側に置く、それが戦争だからだ。

「いや、あなただ」

冒頭に取り上げた聖書箇所は、最後の晩餐の場面。イエスのことば、「いや、あなただ」は、原文では「それはあなたの言ったことだ」となる。新共同訳はそのように訳出している。この「翻訳上の課題」を踏まえつつも、ここでは口語訳を用いる。口語訳があのように訳出されたのにも何か意味があるのかもしれないと思う。

イエスは、最後の食事において、「あなたがたのうちのひとりが、わたしを裏切ろうとしている」と言いだす。自分が十字架にかけられること、それは弟子の裏切りによると語られた。すると弟子たちは、「主よ、まさか、わたしではないでしょう」と口々に言いだした。イエスは答えられた。「わたしと一緒に同じ鉢に手を入れている者が、わたしを裏切ろうとしている。たしかに人の子は、自分について書いてあるとおりに去って行く。しかし、人の子を裏切るその人は、わざわいである。その人は生れなかった方が、彼のためによかったであろう。」

「生れなかった方がよかった」は、厳しいことばだ。あんまりだと思う。ただ、これはユダに対することばではあるが、一方で人間の本質に触れることばだ。本来すべての人間は断罪されねばならない。そのままでは生きることができない存在なのだ。その意味で、全員が生まれてこなかったほうがよかったという現実を抱えているのだ。

だからイエスはそんな私たちのために十字架にかかり、贖罪となられた。このイエスのことばをユダに限ったことばとして受けとめてはいけないと思う。これは、罪人である私たちに対して言われたことばである。ユダに限らず、私たち全員が罪人なのだ。これこそがキリスト教信仰における最重要課題であると言える。キリスト者の中には、「自分は赦されて清く正しくなった」と思っている人がいる。そうだろうか。

「自殺は罪だ」と言うキリスト者がいる。私もそうだと思う。しかし、もう少し正確に言うならば、「自殺も罪」なのだ。「自分の罪は赦された」と感謝しながら、「自殺は罪だ」とキリスト者が言うなら、これは矛盾したことだ。自分の罪は赦されたと証しする者が、自殺した人や自殺した人の家族を断罪することは許されない。赦された罪人であるという認識が、自分にも自殺者にも共通のものとされなければならない。イエスの「生れてこなかった方がよかった」は、ユダと同じ本質をもつ人間である私に向けられたことばとして読むべきだ。「おまえも本来死ぬしかないほどの罪人なのだ。だからわたしが代わりに十字架にかかり、死んだのだ」とイエスがおっしゃったことばとして読むしかない。

話を戻そう。弟子たちは「まさか、わたしではないでしょう」と言う。イスカリオテのユダが裏切りの張本人であったのだから、他の弟子がそう言うのは仕方がない。しかし、大切なのは、結局のところ弟子たちすべてがイエスを残して逃げ去ったという事実である。ペテロはイエス自身から、「わたしのことを三度知らないと言う」と予告されたにもかかわらず、そうなってしまう。彼らが悪人だったというわけではない。これが人間なのだ。

ユダの番となる。ユダも、「先生、まさか、わたしではないでしょう」と言う。これに対してイエスは「いや、あなただ」と指摘。新共同訳の「それはあなたの言ったことだ」が正しいらしいが、会話としては成立していない。

「まさか、わたしではないでしょう」というユダのことばを、私たちはどう読むべきか。「まさか、わたしではないでしょう」は、ユダがとぼけて言っているように聞こえるし、そう解釈するほうが自然だろう。しかし、あえてそのように読まないで別の読み方をしてみたい。つまり、ユダはとぼけているのでも、嘘をついているのでもない。あれがユダの本音であり、正直な気持ちだったのだと思う。ユダには「裏切り」などという後ろめたさはない。そうではなく、彼なりの「正義感」「理由」があったのだと思う。つまり、「イエスのため」あるいは「世のため」などという動機があったのだ。そうであるならば、彼には「内在する悪」の認識がない。ゆえに「まさか、わたしではないでしょう」は彼の正直な思い、正義感から来ている。

それは、戦争に向かう人の認識にきわめて近い。だれも「悪いことをしに行く」とは思っていないのだ。「悪」の認識がないゆえに、加害者意識もない。戦後七十年経っても、加害責任を認めようとしないのは、もともとその認識がなかったからだ。だから、靖国神社に祭られるのは全員が英雄（英霊）であり、「良いことをした人たち」とならざるをえないのは、このためだ。

本当の宗教であるならば、人間をそのまま受けとめねばならない。人間を英雄としてのみとらえ、「罪」や「悪」を隠蔽し、栄光化するのは人間に対する侮辱だと思う。人間とは罪人のことである。人間には確かに良い面もある。良心も備えている。だが英雄化してのみとらえる宗教は、人間を見ようとしていない。別の何か、すなわち国家を見ている。国家のために働く者に価値を付与する宗教は、人間を見ていない。この問題は、キリスト教界も常に問われなければならない。

「まさか、わたしではないでしょう」と本気で言うユダには、「悪」の認識がない。マタイの福音書二七章において、イエスの十字架刑が執行されたことを聞いたユダは絶望し、自ら命を断つ。彼が確信犯で、イエスの殺害、あるいは排除を目的としていたら、イエスの処刑のニュースは、彼の作戦が成就した瞬間だったはずだ。しかし、喜ぶべきユダは、「わたしは罪のない人の血を売るようなことをして、罪を犯しました」（四節、口語訳）と悔い、死を選ぶ。ユダの改悛は戸惑った証拠だ。つまり、ユダにとってイエス処刑は意外な結果だったのだ。

さらに、「悪」が私たちの思考を停止させることも考えなければならない。イエスは十字架上で「父よ、彼らをお赦しください。彼らは、自分が何をしているのかが分かっていないのです」と祈る（ルカの福音書二三章三四節）。ここに「悪の認識不可能性」を見る。人は自分の「悪」を見たくない。闇を見ない。悪は、それ自体が悪魔的であって、ときに自分を天使のように見せる。ユダには、自分の「悪」が「良いこと」のように見えていたのではないか。「まさか、わたしではないでしょう」と胸を張るのはそのためだ。イエスは、その幻想を拭うため、「父よ、彼らをお赦しください。彼らは、自分が何をしているのかが分かっていないのです」と祈られる。この祈りが「悪の認識不可能性」を打ち破り、英雄化する私たちを解放してくださるのだ。

イエスがこの世界に来られたのは、罪を贖い、私たちに希望や愛を与えるためである。さらに、「悪」を外在化し、自分を「善」の側に置く私たちに、「いや、あなただ」「あなたの中に悪がある」ことを指摘するためである。「いや、あなただ」というイエスの指摘を回避し、「愛だ」「正義だ」と語ると大変なことになる。

集団的自衛権と「隣人」愛

戦争法案が可決されるなか、「集団的自衛権」が大きな問題となった。国会の議論を聞いていると、「個別的自衛権」はすでに「前提」になっていた。しかし日本国憲法は、第九条二項において「国の交戦権は、これを認めない」と明言している。「交戦権」とは、攻められたときに応戦する権利であり、国際法上も認められている「自衛権」にほかならない。だが、日本国憲法はこの「交戦権」を放棄したのだ。個別的か集団的か、そんなことは関係ない。どんな戦争も認めない。戦争そのものを否定する。それが平和憲法と呼ばれる所以《ゆえん》である。現に当時の吉田茂総理も個別的自衛権を認めないと明言している。

しかし、朝鮮戦争が激しくなるなかで、日本は、警察予備隊、自衛隊と再軍備を行い、「個別的自衛権はある」と解釈改憲を強行した。一方で、「専守防衛」など、種々の規制を自らに強いた。だが、今回は「集団的自衛権」が議論されており、そもそも論としての平和憲法の意義が語られない。これは二度目の解釈改憲であり、憲法違反だ。日本は、いよいよアメリカ同様、どこででも、何でもできる戦争遂行体制を手に入れたこととなる。それで、「集団的自衛権」を聖書の視点で考えたい。「仲間同士が力を合わせて悪い奴から守り合う。」これが「集団的自衛権」である。この発想の根本問題は、「世界を仲間と敵に二元化してとらえる」点であり、仲間を集めれば集めるほど敵が増える、という構造にある。

イエスは言われる。

「『あなたの隣人を愛し、あなたの敵を憎め』と言われていたのを、あなたがたは聞いています。しかし、わたしはあなたがたに言います。自分の敵を愛し、自分を迫害する者のために祈りなさい」（マタイの福音書五章四三〜四四節）。

「あなたの隣人を愛し、あなたの敵を憎め」は、イエスの時代の常識であった。「隣人を愛する」と「敵を憎む」がセットになっていたのだ。「隣人を愛せ」は、旧約聖書のレビ記に登場する。だが、そこには「敵を憎め」はない。にもかかわらず、長きにわたって、「隣人を愛せ」と言い続けた結果、「敵を憎め」がセットになったのだと思う。「隣人を愛するゆえに、敵を憎む」は、「家族のために戦場に向かう」という構造そのものである。

レビ記一九章には、このようなことばがある。

「あなたは復讐してはならない。あなたの民の人々に恨みを抱いてはならない。あなたの隣人を自分自身のように愛しなさい」(一八節)。

ここに登場する「隣人」とはだれのことか。その直前に「あなたの民の人々」とある。つまり「隣人」とは、ユダヤ人同胞を指すことばだ。だが、「ユダヤ人同士、隣人として愛し合え」と何百年も言ってきた結果、イエスの時代には「隣人を愛する」と「敵を憎め」がセットになったのだ。これは、仲間内だけで愛を語ると、敵をつくるということを示している。「隣人愛の限界」を見る。

キリスト教会では、「隣人」をもっと広く、博愛として解釈してきた。しかし、もともとの「隣人愛」はもっと限定的な概念であり、「敵を憎む」と一体化する。これこそが「集団的自衛権の構造」なのだ。仲間を「同盟国」と呼び、それ以外を「敵国」とみなす。世界を善悪二元論でとらえるやり方である。

このような現実に対抗するため、イエス・キリストは「しかし、わたしはあなたがたに言います。自分の敵を愛し、自分を迫害する者のために祈りなさい」と命じられた。これこそが「隣人愛」をも凌駕する究極の「愛」であった。これは、集団的自衛権を核とする安全保障論には登場しない考えである。イエスは言われる。「隣人を愛するのは当然のことだ。しかし重要なのは敵を愛することであり、迫害する者のために祈ることなのだ。それをしないかぎり、何も変わらない。」これは、日本国憲法がもつ革命的な射程を連想させることばであった。

イエスのことばは「きれいごと」ではない。イエスは、「敵」の厳しい現実を知っておられる。「人類みな兄弟」などと甘いことは言っていられない。イエスは、「敵」としか言いようのない存在がいるという現実を知っておられる。そもそも「愛せない」から「敵」なのだ。イエスご自身、「敵」に殺された。イエスはその「敵」を愛せ、とおっしゃるのだ。決して牧歌的な状況で語った理想論ではない。「集団的自衛権」という狭い「隣人愛」に生きるか、イエスの「愛敵の教え」に生きるのか。私たちは、問われている。

「敵」とはだれか――内在する悪、そして希望

イエスは「敵を愛せ」と迫る。「敵」とはだれか。当然、「悪」を抱いて、私たちを攻撃する者のことだ。すなわち、ＩＳＩＳのような人々であり、子どもをうさぎのケージに閉じ込めるような親だ。しかし、こんな「悪魔のような人々」に見える人たちをどうしたら愛せるのか。大きな心をもって寛容になることは重要だ。それでもなお「愛する努力をする」ことも。しかし、それだけではイエスのことばに応えることはできない。

なぜなら、「愛する努力」をする人は、自分を「善の側」に置いているからだ。その人

は、「間違ってしまった人」を愛し、諭し、正しい道に導こうとする。一見立派に見えるが、これが「善悪二元論」であり、戦争の認識なのだ。

イエスにとっての「敵」とはだれのことだったか。それはイエスを十字架にかけた人だ、と私たちは思っている。だから、「まさか、わたしではないでしょう」と言うのだ。しかしイエスは、「いや、あなただ」と切り返される。イエスの前では、だれ一人「悪を外在化」することはできない。「悪を内在の事柄」として自分の中にある事実として認識するのだ。「罪のない者が、まずこの人に石を投げなさい」(ヨハネの福音書八章七節)というイエスのことばに、だれ一人その場に残れる者はいなかった。私たちは、「悪」や「罪」、そして「敵」を自分のこととしてとらえるしかない。

戦争の当事者は、「悪を外在化」してとらえることによって、情け容赦ない攻撃を相手に加える。「悪」は常に自分の外に存在している。だから相互に、「あいつが悪い」と言い合う。そんな私たちに対してイエスは、「いや、あなただ。あなたの中に悪がある」と応えられる。

キリスト教信仰の本質は、イエス・キリストの十字架である。いったいあの十字架はだれのためだったのか。あれはだれの十字架だったか。キリスト者は、それを「私の十字架」であると認識しなければならない。

「敵」とはだれか。「悪」とはだれか。私たちは、「まさか、わたしではないでしょう」

と言いたいのだ。しかしイエスは、「いや、あなただ」と切り返す。そうだ、私が神の敵だったのだ。私が神のひとり子を十字架にかけたのだ。このことを抜きにして、「あいつが敵だ」と言った瞬間、戦争は始まるのだ。

聖書は言う。

「義人はいない。一人もいない。
悟る者はいない。
神を求める者はいない。
すべての者が離れて行き、
だれもかれも無用の者となった。
善を行う者はいない。
だれ一人いない。」
「彼らの喉は開いた墓。
彼らはその舌で欺く。」
「彼らの唇の下にはまむしの毒がある。」
「彼らの口は、呪いと苦みに満ちている。」
「彼らの足は血を流すのに速く、

彼らの道には破壊と悲惨がある。
彼らは平和の道を知らない。
「彼らの目の前には、神に対する恐れがない。」(ローマ人への手紙三章一〇～一八節)

義人、正しい人はひとりもいないのだ。「彼らの足は、血を流すのに速い。」「彼ら」とはだれか。北朝鮮か、ＩＳＩＳか、テロリストか、虐待する親か、あるいはブッシュ大統領か、オバマ大統領か、安倍晋三首相か。そのとき、イエスは言われる。「いや、あなただ」と。

パウロはローマ人への手紙でこのように言う。

「わたしたちがまだ弱かったころ、キリストは、時いたって、不信心な者たちのために死んで下さったのである。……しかし、まだ罪人であった時、わたしたちのためにキリストが死んで下さったことによって、神はわたしたちに対する愛を示されたのである。……もし、わたしたちが敵であった時でさえ、御子の死によって神との和解を受けたとすれば、和解を受けている今は、なおさら、彼のいのちによって救われるであろう」(ローマ人への手紙五章六～一〇節、口語訳)。

パウロは、自分がキリストの迫害者であったことを心に刻み続けていたのだ。ゆえに、ときとして「私は本当にみじめな人間です」（同七章二四節）と嘆くのだ。彼がキリスト者となった意味は、「内在する悪」を見つめるということだった。だから、自分自身の証しとして「わたしたちがまだ弱かったころ、キリストは、時いたって、不信心な者たちのために死んで下さったのである」（口語訳）と言う。

キリスト教信仰における贖いや赦しの認識は、「悪の内在性の認識」を抜きにしては成立しない。戦争を阻止したいのなら、「悪が内在している事実」とまず向き合うしかない。「まさか、わたしではないでしょう」と言いたい私に、「いや、あなただ」と明言するイエスのことばを聞くしかない。そして悔い改め、赦されて生きるしかない。

一方、「悪の内在」という事実に私は希望を見る。なぜならば、「悪の内在」は、存在論的事実であり、すべての人に共通しているからだ。私たちは、「敵とは全く違う」と思いたい。そうでないと、戦えない。しかし、この分断は見せかけにすぎない。実は私たちは、さほど変わらぬ生の本質に生きている。所詮「悪の内在」があり、「丸太とおが屑」（本書一一〇～一一二頁を参照）の間柄なのだ。つまり、「赦されて生きるしかない存在」であり、互いに赦し合うしかない。

私たちの中に内在する「悪」や「罪」を見ることは、「悪」が共通言語になり得ることを示している。私たちは「悪の兄弟」であり、すなわち「赦された罪人」としての兄弟なのだ。希望はそこにしかない。「赦された罪人」として相互を認識するとき、私たちは共に生きることができる。

「いや、あなただ」と告げるために、イエス・キリストは世に来られた。私たちは、そのことばに耐えられず、彼を殺した。しかし彼は復活し、贖罪を担保しつつ、私たちに「いや、あなただ」と語られるのだ。今日この時代において、このイエスのことばにさらされることが、平和への道のスタートとなるように思う。

貧しい人は幸いだ――人間とは何か

「そのとき、イエスは目をあげ、弟子たちを見て言われた、『あなたがた貧しい人たちは、さいわいだ。神の国はあなたがたのものである』」（ルカの福音書六章二〇節、口語訳）。

はじめに――「助けて」と言えない

もう何年も「自己責任論」が跋扈《ばっこ》するなか、私たちは生きてきました。そして「助けて」を封印してきたのだと思います。「迷惑は悪」という社会道徳に呪縛され、負け組と言われることを恐れました。自己の存在意義の証明、生産性の証明に明け暮れた挙句、「助けて」と言うことも、また「助けて」と言われることも忌避してきたのです。大人のそんな姿を見ていた子どもたちは、「他人に迷惑をかけない人」や「自己責任が取れる人」が立派な大人、まともな人間だという価値観をもってしまったのではないでしょうか。子どもたちが「助けて」と言わないのは、大人の姿を見ているからだと思います。このことが子どもの自殺の背景にある、と私は考えています（詳しくは本書八五頁以下を参照）。

この現実は、子どもたちを追いつめたのみならず、「助けて」と言えることが、神によって創造された人間の本質であるかぎり、それを封印することで、大人たち自身も人間の本来のあり方から疎外され、非人間化してきたのではないでしょうか。今日は、人間とは何かについて考えたいと思います。

猿と人間の違い

人間とは何かを考える前に、まず猿について考えてみます。なぜならば、人間は猿から進化したとされているからです。人は進化した猿だということです。私はキリスト者ですから、「人は神によって創造された」と信じています。神による創造については後ほど触れますが、まずは進化論です。ただ、「聖書の創造論か、進化論か、どちらが正しいか」と議論をしても、あまり意味がありません。科学の世界と信仰の世界では、そもそも枠組みが違います。私の場合は、進化論よりも創造論が好きです。動物園で猿を見て、「俺は、猿だったんだ！　よーし、やるぞー」とは思えません。それより、「人は、神のかたちをいただいて、神からいのちの息を吹き入れられて生かされている」と信じたほうが元気になります。

話を進化論に戻します。私たちは、猿を見て自分たちがいかに進化しているかを確かめます。進化とは「物事がよりすぐれたものに発展すること」ですから、自分は猿の数倍すぐれていると人は考えているわけです。「猿知恵」とか「猿まね」といいます。つまり、「猿」は「劣っていること」の象徴としても使われています。では、人が進化したというのは、何がどう猿よりもすぐれているということなのでしょうか。猿からの進化とは、「猿にできなかったことができるようになった」ということです。

日本の霊長類研究の第一人者に松沢哲郎さんという方がおられます。松沢さんは、長年チンパンジーの研究をしてこられました。『想像するちから——チンパンジーが教えてくれた人間の心』（岩波書店）という本を出しておられます。人間を含めて子育てをする動物の赤ちゃんはみんな、親からの支援を引き出すように可愛い顔をしているが、人間の赤ちゃんは異様に可愛く、愛想がよい。なぜそんなに愛想がいいのか。それは、お母さんだけでなく、お父さん、お祖父さん、おじさん、おばさん、いや、それ以外の周囲の人々からも助けてもらうためです。これに比べて猿の赤ちゃんは笑わない。それは猿の子育てが親に限定されているからです。だから、猿の子は周りに対して愛想を良くする必要がないというわけです。しかし、人の子は親だけではダメで、多くの人に助けてもらい、成長します。だから、人の子は本能的に不特定多数に微笑みかけるというのです。

さらに、人の赤ちゃんだけが仰向けで寝るということも、他の動物とは違う特徴だそうです。動物の世界では仰向けに寝ることは無防備な状態を意味します。動物は基本的にうつ伏せで寝ます。そもそも仰向けは「負け」を意味する姿勢であって、レスリングや柔道も仰向けになった時点で負けが決まります。人だけが、生涯にわたって仰向けに眠る（うつ伏せの方や横向きの方もいますが……）わけです。それは、人が生涯「降参した状態」で寝ているということになります。つまり、弱い姿をさらすことで、だれかに助けを求めているのであり、それが人である本質だと言えます。この点が猿との違いと言えるようです。

この無防備さは、旧約聖書の創世記における人間の姿にも通じます。

「人とその妻とは、ふたりとも裸であったが、恥ずかしいとは思わなかった」（二章二五節、口語訳）。

最初の人類であったアダムとエバは、裸でした。猿のような体毛のない人間にとって「裸」は、最も弱く、危険な状態です。「裸」では、寒く、怪我をするかもしれません。人は、その弱さを補うために衣服を身に着けるようになりますが、創造の時点、つまり、最初の人間のあり様は「裸」だったわけです。そして、二人とも「裸」を恥ずかしいとは思わず、弱さをさらしながら生きていたというのです。こういう弱さをさらすあり方は、人の赤ちゃんが仰向けに眠り、あるいは微笑みを絶やさないというあり方に通じます。

話を進化論に戻します。米国デラウェア大学のカレン・ローゼンバーグ博士は、古人類学者です。彼女の進化論は、これまでの進化論とは違います（NHKスペシャル取材班『ヒューマン――なぜヒトは人間になれたのか』角川書店、二〇一二年）。従来の進化論における猿と人の違いは、二足歩行、あるいは言語を話せるなどと説明されてきました。いずれも、猿にはできないことを人間ができるようになったということでした。これに対してローゼンバーグ博士は、出産の仕方に注目し、新たな進化論を展開しています。猿の母親はひとりで出産できます。そして、自分で自分の子どもをとりあげることができます。

ところが、人は直立歩行のために骨盤が狭くなり、産道が複雑に曲がり、さらに脳が肥大した結果、超難産になってしまいました。それで人の出産には他者の助けが必要となりました。「子どもをとりあげてくれる人」、つまり、助産役としての家族や社会が生まれたというのです。これがローゼンバーグ博士の言う、猿から人への進化の中身でした。

通常、「よりすぐれたものになること」を進化と言います。しかし、ローゼンバーグ博士の進化論は、その逆でした。猿がひとりでできたことが、人はできなくなった、これが猿から人への「進化」だったというのです。つまり、「より弱くなること」「より貧しくなること」が含まれていたのでした。

「弱さ」が絆の根拠となる理由がここにあります。とかく「弱いこと」を忌避する私たちにとって、ローゼンバーグ博士の進化論は、「人間とは何か」を今一度考えさせる契機となりました。にもかかわらずここ数十年間、「自己責任だ」、「ひとりでやれ」、「なぜがんばらない」と私たちは言い続けてきました。しかし、この「ひとりでやる」は、「猿に戻る」ことにほかなりません。そんなことを言い続けていると、もうすぐこの国は「猿の惑星」になってしまう。これは冗談ではありません。

私たちは、誇り高き人類であり続けたい。子どもたちに、「君たちは、人間だ。猿じゃない。胸を張って生きよう」と伝えたいと思います。それはただ、「弱さ」を大事にするという生き方であることにほかなりません。「ひとりではできない」という事実、「ひとりでは生きられない」という現実は、恥ずかしいことではありません。それが人間です。ひとりでは産むことができないという現実を、人が人であり続けるために私たちは大事にしたいと思います。

最後の創造

次に、聖書の創造論に進みます。創世記一章には、七日間で天地が創造されたことが記されています。創造は次のようになされました。一日目に天地、光、昼、夜。二日目に空(天)。三日目に大地、海、植物。四日目に太陽、月、星。五日目に魚、鳥。そして、六日目に神は、獣と家畜。そして七日目、神は休まれました。

さて、天地創造において人はいつ創造されたのでしょうか。順番が大事だと思います。人は、第六日目に最後の被造物として登場しました。なぜ人が最後に創造されたのか。それを考えることが、人とは何かを考えることになると思うのです。

創世記一章二六節以下には、このように描かれています。

「神はまた言われた、『われわれのかたちに、われわれにかたどって人を造り、これに海の魚と、空の鳥と、家畜と、地のすべての獣と、地のすべての這うものとを治めさせよう』。神は自分のかたちに人を創造された。すなわち、神のかたちに創造し、男と女とに創造された。神は彼らを祝福して言われた、『生めよ、ふえよ、地に満ちよ、地を従わせよ。また海の魚と、空の鳥と、地に動くすべての生き物とを治めよ』」（二六〜二八節、口語訳）。

人は、神のかたちをいただいた唯一の被造物でした。神は、その人に「地を従わせよ。……すべての生き物とを治めよ」と宣べられました。このことばは、いかにも人がすべての被造物の支配者であるかのような印象を与えます。確かに「治めさせよう」は、「支配させる」という意味をもつことばです。ただ、その結果、キリスト教、あるいはキリスト教文明は、人が世界を治め、支配してよいとの認識をもつようになりました。キリスト教文明が環境破壊に無頓着なのは、このことが影響していると言われています。

しかし、本当に神は、人に全権委任をされたのでしょうか。牧師であり農民である星野正興さんの『神様の正体《いるところ》』（株式会社ミスター・パートナー）という本に次のような一文があります。

「私は今もって、牧師と農業という二足のワラジをはいている。畑で野菜を作っていると、人間の命を養う野菜は、ものすごくたくさんのものの力を受けて育っていることがわかる。太陽の光、天からの雨、そして土。この土の中には、顕微鏡でしか見えないような小さな小さな生き物も、ゴマンといるし、目に見えるミミズのような生き物も、野菜を育てるのに大きな働きをしてくれている。みんなみんな、人間の食べるトマトやキャベツやお米や麦のために、力を貸してくれている。そして、そういう野菜や穀物を、人間は食べて生きている。野菜や穀物だけではない。名もない道ばたの雑草も、森の木々も、人間が生きるために、なくてはならぬものを分けてくれている。だから、自然を見つめていると、人間は生きているのではなくて、生かされているということが、よくわかる」（一六三頁）。

この星野さんの気づきは非常に重要です。私は、この視点を踏まえたうえで、創造物語、すなわち、なぜ人が最後の創造であったのかを今一度考えたいと思います。そこで私は、人が最後に造られたことは、支配者として立てられたことを意味しないと考えます。人が最後に創造された意味は、「人は最後にしか登場できなかったから」だと思います。星野さんが言うように、人もまた他の「みんな」が力を貸してくれて成り立っているにすぎないのです。人が最後の被造物であるということは、人が生きるためには、先行して、すべての被造物が備えられる必要があったということです。つまり、太陽や水や植物、他の動物など、あらゆるものが先に存在して初めて人は生きていける存在だということです。人はひとりでは生きていけないという事実を示したのが六日目、つまり最後の創造の意味です。

人の本質が脆弱であるということが、最後の創造の意味であるなら、人を「支配者」、あるいは「強者」として理解することはできません。となると、「治めよ」、「従わせよ」のことばの本意は、「守りなさい」、「大切にしなさい」だと理解すべきでしょう。現在のように、好き勝手に開発し、大地を放射能で汚染しているようでは、人（人類）が生き延びることは不可能だということです。

人は、本質的に助けてもらわないと生きていけない。この事実を正直に認めることが信仰者として生きるということです。「助けて」と言えることが人の本質であり、「助けて」と相互に言いながら生きていくことが、人としての暮らしそのものなのです。

貧しき者は幸い

ルカの福音書六章に、このようなことばがあります。

「そのとき、イエスは目をあげ、弟子たちを見て言われた、
『あなたがた貧しい人たちは、さいわいだ。
神の国はあなたがたのものである』。」（二〇節、口語訳）

このイエスのことばは難解です。なぜ貧しい人が「幸い」なのでしょうか。「貧しいことは不幸なこと」と考えるのが普通です。なぜ「神の国は貧しい人のもの」なのでしょうか。「貧しくとも、死んだら神の国に入れるので幸せなんだ」とイエスは言いたかったのでしょうか。このことばを読み解くには、すでに触れた事柄を思い起こす必要があります。すなわち、私たちが猿ではなく人間であり、だれかに助けてもらわないと産まれることも、生きることもできない存在であること。さらに、最後に創造されるしかなかった存在であるということです。つまり、「助けてもらわないと生きていけない存在」であるということです。これをイエスは、「貧しい」と表現されたのだと思います。

しかし、ひとりでは生きていけない「貧しさ」を本質としているからこそ、私たちは常に他者を求めて生きていきます。ゆえに孤独ではなく、出会いの中で豊かになっていくのであり、それこそが人間らしい「幸いな人生」なのだとイエスは言いたかったのだと思い

ます。人が「自己責任が取れる存在」であるのなら、そもそも神にもイエスにも出会う必要はなくなります。「助けて」と言える。それが「幸いな人生」なのです。

パウロは、肉体に何らかの障がいをもっていたようです。彼はそのことに苦しみながら、しかし、このように告白しています。

「しかし、わたし自身については、自分の弱さ以外には誇ることをすまい。もっとも、わたしが誇ろうとすれば、ほんとうの事を言うのだから、愚か者にはならないだろう。しかし、それはさし控えよう。わたしがすぐれた啓示を受けているので、わたしについて見たり聞いたりしている以上に、人に買いかぶられるかも知れないから。そこで、高慢にならないように、わたしの肉体に一つのとげが与えられた。それは、高慢にならないように、わたしを打つサタンの使なのである。このことについて、わたしは彼を離れ去らせて下さるようにと、三度も主に祈った。ところが、主が言われた、『わたしの恵みはあなたに対して十分である。わたしの力は弱いところに完全にあらわれる』。それだから、キリストの力がわたしに宿るように、むしろ、喜んで自分の弱さを誇ろう。だから、わたしはキリストのためならば、弱さと、侮辱と、危機と、迫害と、行き詰まりとに甘んじよう。なぜなら、わたしが弱い時にこそ、わたしは強いからである」（コリント人への手紙第二、一二章五～一〇節、口語訳）。

これこそ進化した人間のことばです。「私は無敵だ。私はひとりで生きることができる」は、人のことばではありません。「弱さを誇ろう」は、猿から進化した人のことばです。

弱さを認めない時代となりました。自己責任が強調されるなか、ますます「助けて」と言えない空気が私たちを支配するでしょう。しかし、どれだけ孤軍奮闘してみても、私たちは神に創造された人にすぎず、しかも「最後に創造された貧しい人」にすぎないのです。「弱さ」に正直に生きましょう。弱い自分を生きればいいのです。間違っても猿にならないようにしましょう。あなたは誇り高き人なのです。もう背伸びをするのも疲れたでしょう。等身大の「貧しい人」として生きましょう。そうすれば、あなたは「幸せ」になります。神の国は、助けてもらわないと生きていけない「貧しい人」の国だからです。

神の前で神と共に、神なしに生きる――三・一一後を生きる信仰

はじめに――十字架のイエス・キリスト

二〇一一年三月十一日の東日本大震災から八年が過ぎましたが、復興への道は遠く、特に東京電力福島第一原発の過酷事故の収束の目途は立っていません。天災と人災を経験した私たちは、その後をどのように生きてきたのでしょうか。キリスト者や教会は、あの後でどのように変わったのでしょうか。

大災害は、信仰者にとっても容易ならざる体験となりました。あの日、多くの人々が「神不在」を思わざるをえなかったからです。「救いの神がおられる、にもかかわらず、なぜ神は人々を助けないのか。」「神への懐疑」は、あの日、信仰者でなくてももたざるをえませんでした。

圧倒的な現実を前に、私たちは息を呑みました。あの日「神はどこに」という答えのない問いの中で、私たちはただ呻吟していたのです。「神様などいない」と言ってしまったほうが楽ではないのか、との誘惑が私たちを襲いました。

ただ、この混乱、あるいは絶望は、私たちの「神観」、あるいは「信仰観」からきていたと言えます。「信仰」を「私たちを救ってくださる神への帰依」と理解していた人は、あの日、「信仰の土台」が崩れたと感じました。自分が想定し信じていた神を見いだすことはできなかったからです。私たちが想定していた神は、「救う神」であり、「誓願成就の神」でした。

この「思いどおりの神を見いだせない」というジレンマは、私たちの信仰のあり方を問うこととなりました。私たちは「神」に失望したようですが、実は「私」に失望していたのだと思うからです。

『ナルニア国物語』で有名なC・S・ルイスは次のように言っています。

「実存するものは、たいてい、われわれの予測しえなかったものである。これは事実であり、またわたしがキリスト教を信ずる理由の一つでもある。キリスト教はわれわれの予測しえなかった宗教である。もしキリスト教が、わたしたちがつねに予想してきたような宇宙をわれわれに提示するにとどまったなら、それはわれわれ人間がでっち上げたものだ、とわたしはすぐに感じ取ったことだろう。ところが実際は、だれかがでっち上げたと思われるようなそんな代物《しろ》ではなく、ほんもの(実在的なもの)に特有なあの妙な癖とでもいうべきものを持っているのである」(『キリスト教の精髄』新教出版社、八〇頁)。

キリスト教はそもそも私たちの予想を超えている、とC・S・ルイスは言います。もし私たちの予想どおりならば、それは私のでっち上げにすぎない、と。イエスご自身、「あなたがたは行って、自分たちが見たり聞いたりしていることをヨハネに伝えなさい。目の見えない者たちが見、足の不自由な者たちが歩き、ツァラアト（重い皮膚病）に冒された者たちがきよめられ、耳の聞こえない者たちが聞き、死人たちが生き返り、貧しい者たちに福音が伝えられています。だれでも、わたしにつまずかない者は幸いです」（マタイの福音書一一章四〜六節）と言っておられます。「つまずく」とは予想を超える事態と向き合った人に起こります。キリスト教における最大の「つまずき」は十字架の死と復活だと言えます。

私たちは、「私を救うはずだった神の不在」に失望したのです。ナチスに抵抗した牧師であり神学者であったディートリヒ・ボンヘッファーは、この失望こそが現代を生きる人間の誠実な態度だと語っています。

「われわれは――『タトエ神ガイナクトモ』――この世の中で生きなければならない。このことを認識することなしに誠実であることはできない。そしてまさにこのことを、われわれは神の前で認識する！　神ご自身がわれわれを強いてこの認識に至らせ給う。

このように、われわれが成人することが神の前における自分たちの状態の真実な認識へとわれわれを導くのだ。神は、われわれが神なしに生活を処理できる者として生きなければならないということを、われわれに知らせる。われわれと共にいる神とは、われわれを見すてる神なのだ(マルコ一五・三四)。神という作業仮説なしにこの世で生きるようにさせる神こそ、われわれが絶えずその前に立っているところの神なのだ。神の前で、神と共に、われわれは神なしに生きる」(『ボンヘッファー獄中書簡集』一九四四年七月十六日、新教出版社、四一七頁)。

「神の前で、神なしに生きる」は謎めいたことばですが、ボンヘッファーは、「神がおられない」という私たちの認識をもって「神不在」と断定することはできないと言っているのだと思います。私たちは、「神の前」で「神がおられない」ことを認識するのです。なぜならば、神は「見捨てる神」であり、十字架で殺される神であって、それは私たちの予想を超えた神の姿であったからです。ボンヘッファーは、その事実を認識することが「成人」することだと言います。

二〇一一年三月十一日、私たちは否応なしに「成人」させられました。あの現実は、私たちが子どもであり続けることを許さなかったのです。

十字架こそが「神なき現実」そのものでした。そこにあったのは、「なにゆえわたしを見捨てたのか」（十字架上でのイエスのことば）という嘆きでした。しかし、聖書は、その失望の極みに救い主を描き、救いなきままに死んでいったイエスに復活の希望を託したのです。十字架に神を見いだすことこそが、「神の前で、神と共に、神なしに生きる」ことなのだと思います。

どれだけの人が、二〇一一年三月十一日午後二時四十六分の前に戻れたらと願ったことでしょう。しかし、それはかないません。私たちは、あの「神なし」の現実を生きなければなりませんでした。ゆえに聖書は、「神なし」の現実、すなわち十字架に救い主を登場させなければならなかったのです。私たちは、「神なし」の現実を十字架の神の前で生きていくしかないのです。信仰とは人生から苦難を除去することだ、と考える人が少なくありません。神によって問題は解決すると期待を寄せます。しかし、問題は解決しないことのほうが多いのです。

三・一一はその事実を突きつけました。重要なのは、「解決」ではなく、苦難に満ちた「神なし」の現実をいかに生き抜くかということでした。

十字架の処刑が迫るなか、ゲツセマネと呼ばれる園でイエスは「この杯を取りのけてください」と祈られました。これは「神なし（解決なし）」では困るという正直な祈りでした。しかし、イエスはその後、「わたしが望むようにではなく、あなた（神）が望まれるままに」と、ことばを加えられました。「この杯（苦難）を取り除いてくれる神はいない」という事実を引き受けたのでした。「神なし」の現実のただ中で、なお神に祈られたのです。この祈りは、十字架にかけられた後の「わが神、わが神、どうしてわたしをお見捨てになったのですか」の祈りへと続きます。「神なし」という現実を「神に」対して祈る。それが、十字架の信仰における神と人との向き合い方なのです。

正当なる懐疑

三・一一は、「神の前で、神と共に、しかし神なしに生きる」ということへ私たちを導きました。このことによって私たちは「成人」となるのです。「大人になりたくない」と思います。子どもとは、「自分の願いどおりになる」ことを期待します。しかし、そうはいかないことを三・一一は知らせたのです。

「私は、幼子であったときには、幼子として話し、幼子として思い、幼子として考えましたが、大人になったとき、幼子のことはやめました」（コリント人への手紙第一、一三章一一節）。

「成人」するとは、「正当なる懐疑」をもつことだと言えます。「懐疑」は信仰が足りない証拠だ、と言う人もいますが、私は三・一一以後、「正当な懐疑」をもつことが信仰の本質的事柄となったと考えています。つまり、自分自身に対する懐疑、人間に対する懐疑、世界に対する懐疑、平等に対する懐疑、そして神に対する懐疑です。

あの日、「信じられないこと」が起こりました。「なぜ」と多くの人が嘆きました。身体の痛みや不幸な出来事が人を苦しめました。それ以上に人を苦しめるのは、この「なぜ」という問いに「答えがない」という現実です。「なぜ、こんなことに……」、「なぜ、私の愛する人が……」、「なぜ、あの日だったのか……」。答えてもらえないまま、人々は生きなければなりませんでした。数えきれない「なぜ」が被災地を今日も覆っています。

信仰者は、「信仰こそ人生に答えを与えるものだ」と言います。そうでしょうか。神を信じると、「すべての問い」が解決するのでしょうか。私は、三・一一後を生きる信仰とは、「問い」にとどまることだと考えています。「なぜ」という問いに答えが見いだせなくとも生きる。生きることができる。それが十字架の信仰だと思います。

イエスは、十字架で「どうしてわたしを」と問われました。イエスは神の御子でしたが、神はこの「問い」に沈黙されました。これは何を意味していたのでしょうか。「懐疑」という闇の中に救い主はおられたという事実です。答えなき「問い」のただ中に、救い主はとどまった。そうであるならば、答えなき「なぜ」とともに生きることができるのではないか。なぜならば、その答えなき「問い」に救い主がおられたからです。キリスト教をはじめ三・一一後を生きる宗教者は、「なぜ」に答えを与えるのではなく、「なぜ」の中で祈ること、共に生きることを役割としたのです。

「絆」とは何か——共感不可能という現実

三・一一の状況は、「共感」や「絆」に対する「懐疑」を私たちに抱かせました。極限状況に置かれた人々に心を傾け、苦しみや痛みに「共感」しようとすることは自然なことです。「大変でしたね」、「つらかったでしょう」との声かけが救いとなったのも事実です。それを象徴することばが「絆」でした。

しかし、「絆」が強調されるほど私は不安になりました。「はたして共感は成立するのか」と。被災地に行くほどに、「共感」が不可能であることを知らされました。「あの苦難」、「あの悲しみ」を知ることも、わかることも私にはできない。そんな「共感不可能という現実」を私たちは、「絆」ということばでごまかそうとしていたのだと思います。しかし、「絆」を求めるほど、「共感不可能」という現実を認識せざるをえませんでした。確かに、テレビの映像に涙し、遺族のことばに胸打たれました。しかし、流れた「共感の涙」は、テレビのチャンネルが替わると同時に、乾いてしまいました。三・一一は、「わかろうとすること」への懐疑を私に突きつけたのです。

この現実は、同じ苦しみを背負ったように思える被災者同士においても同様だったと思います。個々人が背負った悲しみは、個々人の「尊厳」そのものに関わる事柄でした。それは、尊く、厳しい「個」の現実を示します。他の人が立ち入りがたい孤独をもっており、それは侵犯しようとしてもできず、優しい気持ちで同情しても「わからない」ことなのです。「共感不可能」という人間の現実を認めることこそが、あの時の人間に対する誠実さだったと思います。

このことを踏まえないまま「大変でしたね」と声をかけることが、どれだけ人を傷つけたか。「大変でしたね」と言われるほど、「わかってもらえない」、あるいは「簡単にわかられては困る」と思う。それが人間の現実です。

さらに注意すべきは、死者に対する「共感」だったと思います。死んだ者に代わって思いを語ることはしてはならないことであるし、それを安易にすることは、死者への冒瀆だと思います。

「絆」や「がんばろう！ 日本」の掛け声は、私たちを「一つ」にしたように思えましたが、「一つにはなれない」のが人間です。先に紹介したゲツセマネの祈りの場面で弟子たちは、必死に祈るイエスのかたわらで居眠りをしていた、と書かれています。直前に「たとえ獄につながれても、いや死んでも、ごいっしょします」と断言したペテロも、寝ていました。これが人間です。この現実を一旦受容することからしか始まらないと思います。

「わたしはさばきのためにこの世に来ました。目の見えない者が見えるようになり、見える者が盲目となるためです。……もしあなたがたが盲目であったなら、あなたがたに罪はなかったでしょう。しかし、今、『私たちは見える』と言っているのですから、あなたがたの罪は残ります」（ヨハネの福音書九章三九〜四一節）。

「見える」、「わかる」、「絆がある」と言い張ることを一旦やめること、「わかる」（見える）という自分を懐疑すべきだ、とイエスはここで言っておられるように思えます。

絶対に対する懐疑

さらに「フクシマ」の出来事は「絶対に対する懐疑」を私たちに突きつけました。三・一一以後、「絶対安全」「絶対安心」は存在しません。「安全神話の崩壊」は原子力政策のウソを指摘したことばですが、キリスト者である私にとって、すなわち神を信じる者、あるいは宗教者である私にとって、「神話の崩壊」という根本問題を突きつけられたと思います。「神話の崩壊」を前提に生きるとは、十字架の前で生きることです。十字架は、全知全能という神話を崩壊させました。つまり、「神様がおられるから大丈夫」という「神話」を崩壊させました。

「絶対は絶対にない。」　これが「フクシマ」後を生きる人間の認識です。「義人はいない」（ローマ人への手紙三章一〇節）と聖書は言います。すべての業は「罪人の行為」にすぎません。かつてナチズムと闘った告白教会の出した「バルメン神学宣言」に、このようなことばがあります。

「われわれがイエス・キリストのものではなく他の主のものであるような、われわれの生の領域があるとか、われわれがイエス・キリストによる義認と聖化を必要としないような領域があるとかいう誤った教えを、われわれは斥ける」（第二項。『信條集・後篇』新教出版社、三三二〜三三三頁）。

人間であるかぎり罪人です。ですから、私たちは「人間に対する懐疑」をもたざるをえないのです。原発はもちろん、たとえ自然エネルギーであったとしても、それは人間の仕業です。だから、絶対はありません。私たちは「懐疑」をもつわけです。信仰とは、「健全なる懐疑」をもつことです。「神話」を脱し、「神なき」現実のただ中で「神と共に生きる」のです。

判断を留保すること

「健全なる懐疑」をもつことと、「疑心暗鬼」とは違います。大切なのは「判断を留保する」ことです。先に紹介したボンヘッファーが次のように述べています。これは、彼が処刑される一年二か月前、獄中から友人に送った手紙の中のことばです。

「特定の苦難が実際に経験されるということは、何かを曖昧にしてごまかすよりもずっと大切だと僕には思われる。ただ、その苦難のある種の間違った解釈には、僕は断固として反対だ。そのわけは、それらが慰めようとしていながら全く見当違いの慰めになっているからだ。だから僕は苦難を解釈しないままにしておく。そして、それこそ責任的にことを始めるゆえんだと信ずる」（『ボンヘッファー獄中書簡集』一九四四年二月一日、二三七頁）。

苦難を間違って解釈する問題を指摘したボンヘッファーは、まさに苦難のただ中にいました。ボンヘッファーは、「解釈しないままにしておく」と言います。しかし、それは「あきらめる」ことではありません。「神の前で、神なしに生きる」というのは、そういう生き方なのだと思います。「わが父よ、できることなら、この杯をわたしから過ぎ去らせてください。しかし、わたしが望むようにではなく、あなたが望まれるままに、なさってください」（マタイの福音書二六章三九節）とイエスは祈られましたが、そのイエスもここで判断や解釈を断念しておられます。自らの解釈を留保できるかは、信仰者に与えられた重要な試練です。

ボンヘッファーは、「解釈しないこと」こそ「責任的にことを始める」ことだと言います。近代は「わかる」ということに重きが置かれた時代です。人間は「わかる」ことによって物事を支配しようとしました。人間の理性は凄まじい勢いで支配領域を広げていきましたが、一方で人間の絶対化は、「戦争」や「公害」を引き起こし、ついには放射能によって大地を汚染してしまいました。「安全神話」は、理性がつくり出した「偽物」、あるいは「おとぎ話」に過ぎず、原発事故が示した現実は、近代理性主義に対する懐疑そのものだったと思います。答えのないままフクシマは彷徨《さまよ》っています。にもかかわらず、為政者は「アンダーコントロール」だと言います。知らないことを、まるで知っている(コントロールしている)かのように言うことは罪です。

「わからない」自分に正直になることが、「責任的にことを始める」ことになります。私たちにとって、この逆説的でかつ正直なことばが、三・一一後を生きる条件となりました。直ちに白黒をつけたいと考える現代人は、今日は希望、明日は絶望という日替わりメニューのような毎日を送ります。しかし白か黒かわからない、なぜなのかわからない、苦難の解釈ができないという現実の中で、一旦解釈や判断を留保することが、あの状況において、より人間らしい生き方だったと思うのです。

イエスご自身も十字架で「どうして」との問いにとどまられました。それゆえに、私たちもまた判断を留保することが許されたのだと思います。

ただ「留保が希望だ」とも言えません。それは「絶望するにはまだ早い」ということを意味しているのです。「まだ判決は下っていない、だからあわてて絶望してはいけない」ということです。「戦争や戦争のうわさを聞くことになりますが、気をつけて、うろたえないようにしなさい。そういうことは必ず起こりますが、まだ終わりではありません」（マタイの福音書二四章六節）とイエスが言われるとおりです。うろたえ、あわててはいけないのです。まだ終わりではない。

闇の中に輝く光

判断を留保しているとは、「闇の中」にとどまるということです。「闇」は、苦難そのものですから、「そこにとどまれ」と言われると、正直つらいのです。これに対してヨハネの福音書が伝える救い主誕生は、判断を留保する者たちにとっての希望でした。

「光は闇の中に輝いている。闇はこれに打ち勝たなかった」（一章五節）。

「闇の中」にいる人は、「闇は過ぎ去り、光が訪れる」ことを願います。これはわかりやすい希望です。しかし、現実はそれほど単純ではありません。光を「闇の中」でとらえるのです。光が到来したにもかかわらず、闇は依然として存在している。ゆえに、私たちは判断を留保できるわけです。これは、十字架という闇のただ中に救い主がおられたということと同じです。私たちは、闇の中に置かれたとしても、あわてて判断を下すことなく、闇にとどまり、その中で光を見いだします。「闇は光に勝たなかった」という結論を信じて待つのです。

宗教改革者のマルティン・ルターは「十字架の神学」を提起しました。ルターの研究者であるヴァルテル・フォン・レーヴェニヒは、ルターの十字架の神学についてこのように述べています。

「十字架の神学は、思弁による認識をしりぞける。…（中略）…ルターにとって宗教的思弁は、みな栄光の神学である。栄光の神学においては、キリストの十字架のもつ基本的意義が神学的思惟全体に対して、正当な位置を与えられない…（中略）…。キリストの十字架は、人間にとって直接的な神認識がないことをあきらかにする」（『ルターの十字架の神学』グロリヤ出版、二三頁）。

「思弁」とは、人間が自分の理性や常識をもって神を認識し、語ることです。つまり、私たちは、神を栄光の中に想定し、語るわけです。それが私たちの思弁であり常識です。だから、三・一一という苦難の中では、「神はいない」と言わざるをえなかったのです。

栄光の中に神を見いだす私たちにとって、十字架の出来事はつまずきでした。神を認識できないからです。「神がおられたら、そんなひどいことは起きないはずだ」と考えてきたからです。

旧約聖書イザヤ書は神をこのようにとらえています。

「イスラエルの神、救い主よ。
まことに、あなたはご自分を隠す神」(四五章一五節)。

ルターは、この箇所を引用しつつ、「隠れたる神」に注目します。「隠れている」とは、私たちの「思弁」、すなわち常識や想定から「ズレている」ということです。だから、ルターはそのような神のあり方を「反対の形」(sub contraria specie) と呼びました。

「われわれにとってよいものは隠されており、また、深遠なものであるからこそ、逆の相の下に隠されているのである。このようにわれわれの生は死の下に、われわれの愛はわれわれの憎しみの下に、誉れは恥の下に、救いは滅びの下に、支配は追放の下に、天は陰府の下に、知恵は愚かさの下に、義は罪の下に、力は弱さの下に隠されている。一般的にすべてのよいものをわれわれが肯定するとき、それは同じように反対の下に隠されており、それだからこそ神に対する信仰が場所を得るのである。神は否定的な本質、善、知恵、義であって、われわれが肯定するすべてのものの反対の形でなければ、得ることも、達することもできない」（『ルター著作集』第二集・第9巻『ローマ書講解 下』リトン、一八〇頁）。

三・一一は、ルターの示した「隠れたる神」あるいは「反対の形」という認識に立ち返らせる出来事でした。このような現実を前に、私たちの「思弁」は無化されたのです。マザー・テレサも、私たちの「思弁」とキリストの現実の齟齬《そご》について語っています。

「キリストが、飢えている人、寂しい人、家のない子、住まいを捜し求める人などのいたましい姿に身をやつして、もう一度こられたのに、私たちがキリストだと気づかなかったからなのです。」

私たちは、飢えている人、寂しい人、家のない子、住まいを捜し求める人は、神の恵みから漏れていると考えてきました。一方で、お金持ちとまではいかなくても、苦労がない、楽しく生きている人を神に祝された人だと思ってきました。しかし、それではキリストに気づけないとマザー・テレサは言うのです。なぜならば、キリストは、私たちの「思弁」

とは「反対の形」をもって生き、死なれ、復活後も、思弁とは「反対の形」をもってあり続けておられるからです。

実は、そのような「思弁」は、イエスの弟子においてすでに起こっていました。マタイの福音書二六章には、ペテロの裏切りの記事があります。イエスは逮捕される直前、弟子たちに、「今夜、あなたがたはみな、わたしにつまずくであろう」と言われました。これは、弟子たちがもっていたイエスご自身に対する認識、彼らの「思弁」にとって十字架が「つまずき」となることを言い表したことばでした。しかしペテロは「たとい全部の者があなたのゆえにつまずいても、私は決してつまずきません」と言い放ちました。イエスは、そう言うペテロに対して「今夜、鶏が鳴く前に、あなたは三度、わたしを知らないと言います」と語られますが、それでも「たとい、ごいっしょに死ななければならないとしても、私は、あなたを知らないなどとは決して申しません」とペテロは言いきりました。

その後イエスは逮捕され、ペテロはイエスの後を追い、大祭司の家の庭に忍び込みます。当然、イエスを心配してのことだったと思います。ですが、私にはそれだけが理由だったとは思えません。

大祭司の中庭で、ペテロは周囲の人々から「イエスの仲間だ」と指摘されます。そのたびに彼は「知らない」と言うのです。二度目、ペテロは「そんな人は知らない」と言いました。そして三度目も。その時、鶏が鳴き、ペテロはイエスのことばを思い起こして激しく泣き、闇の中に消えて行きました。

私は、この二度目のことばが気になります。「そんな人は知らない」とは何を意味するのか。三回の否定は、自分の身の安全のために、イエスの仲間だと思われないように嘘をついたのだと思います。しかし二度目にペテロは、「そんな人は知らない」と言ったのです。「そんな人」には、どんな意味があったのでしょうか。あれは、イエスに対する失望、期待がはずれたことを言い表したことばだったのではないか。すなわち、逮捕され抵抗もせず、ただ殺されていくような弱い「そんな人は知らない」と彼は言ったのです。「私が期待したイエスは、そんな無力な男ではない」と彼は思ったのです。「そんな人」は、彼の「思弁」とはあまりに違ったイエスを指すことばでした。イエスは、ペテロの想定とは「反対の形」をもって現れたのです。

ペテロが知るイエスは、驚くべき奇跡を行う方であり、悪霊の追放、死人さえよみがえらせた方でした。ですから、イエスがこの急場を神的な力をもって切り抜けると期待して、それを見届けるためにペテロは大祭司の庭に潜入したのではないでしょうか。しかし、現実のイエスはそうではありませんでした。奇跡は起こりません。「そんな人は知らない」は、ペテロが思い描いた（思弁上の）イエスではないという表明であり、イエスにつまずいたことを示しています。あの夜のペテロは失望したのでした。

三・一一において、私たちの「思弁」に想定される神はいなかったのです。栄光と全能の神はそこにはおられませんでした。あの日、私たちは「動いてくれない神」を指さしながら、「そんな人は知らない」と嘆かざるをえませんでした。ですから、三・一一後を生きる者は、「思弁」とは「反対の形」に神を見いだすしかないのです。
そもそも聖書には、そのような「反対の形」に救い主を見いだすことが描かれています。

「彼は主の前に、ひこばえのように生え出た。
砂漠の地から出た根のように。
彼には見るべき姿も輝きもなく、
私たちが慕うような見栄えもない。
彼は蔑まれ、人々からのけ者にされ、
悲しみの人で、病を知っていた。
人が顔を背けるほど蔑まれ、
私たちも彼を尊ばなかった。
まことに、彼は私たちの病を負い、
私たちの痛みを担った。
それなのに、私たちは思った。
神に罰せられ、打たれ、苦しめられたのだと。

しかし、彼は私たちの背きのために刺され、
私たちの咎のために砕かれたのだ。
彼への懲らしめが私たちに平安をもたらし、
その打ち傷のゆえに、私たちは癒やされた。」（イザヤ書五三章二～五節）

イザヤ書五三章は「苦難のしもべ」と呼ばれています。十字架のイエスを彷彿《ほうふつ》とさせる記事です。力と栄光を求める私たちは、「苦難のしもべ」など「そんな人は知らない」と言い、つまずきます。しかし、そのつまずきこそ方向転換（回心）に導くのです。十字架なき信仰は、回心なき信仰です。それは「思弁」に溺れる人間の現実だと言えます。

おわりに――絶望から希望へ

私たちは、あまりにも直裁的に栄光の神を求めたのだと思います。「神の前で、神と共に」だけを考え、「神なしに生きる」という十字架の信仰を見失っていたのでしょう。三・一一は、私たちを再び十字架の主の前に引き戻す出来事となりました。

自らの「思弁」に神を閉じ込めてきた私たちは、自らの「思弁」の中で絶望していたにすぎません。しかし、神の主権、神の自由は、何者にも束縛されず、十字架は神の主権の出来事として今日も私たちの前に立っています。それこそが最後の希望です。

三・一一は、私たちの信仰や教会のあり方を問いました。私たちはつまずき、そのつまずきによって悔い改めを迫られました。「神の前で、神と共に、神なしに生きる」ことへと導かれたのです。十字架抜きの信仰が、いかに「安価」であり、「もろい」かを私たちは知りました。十字架なき信仰、服従なき信仰、断念なき信仰、それらは結局「自己実現」にすぎなかったのです。

あの日、神はおられませんでした。ただし、私たちの想定したその場所には、です。しかし、十字架のイエス・キリストの神は、あの津波のただ中で流されておられたのです。三・一一という十字架のただ中に神は吹き出す放射能にさらされ続けておられたのです。

現在《いま》、人々の関心は、再び直截的な栄光に向けられようとしています。東京オリンピックに沸く人々のまなざしの先に何が見えているのでしょうか。経済の回復は、被災地の復興においても大切なことかもしれません。ただ、栄光を私たちが求めるとき、闇の中にたたずむ人々が取り残されていくのも事実です。「花は咲く、いつか生まれる君に」と復興ソングは歌います。しかし、十字架に救い主を見いだした者は、闇の中に花がすでに咲いていると告白するのです。

亡くなった方々、家族を失い、悲しむ人々、そして、原因も責任もあいまいなまま原発事故に翻弄され続けている人々を思いつつ、この原稿を閉じます。

「責任感のある父」ですませないために――私たちは神の家族

二つの事件

いたたまれない事件が続きました。二〇一九年五月二十八日午前七時四十五分ごろ、川崎市の登戸駅付近の路上で、私立カリタス小学校のスクールバスを待っていた小学生の児童や保護者らが男性に刺されました。六年生の女児と保護者の男性が死亡、その他十八人が負傷しました。容疑者の五十一歳の男性は、その場で自殺。事件の動機などは明らかになっていません。その後、この男性が「長期ひきこもり状態だった」との報道が繰り返されました。

その四日後、今度は元農林水産省事務次官の父親が長男を刺殺する事件が起こりました。こちらも、息子さんが「長期ひきこもり」状態だったとされています。逮捕後、父親は、「川崎の殺傷事件を知り、長男が人に危害を加えるかもしれないと思った」という趣旨の供述をしていると伝えられています。この衝撃的な二つの事件について、少し述べたいと思います。

「迷惑をかけてはいけない」

冷静に考えなければなりません。テレビでは、二つの事件に共通する事柄として「ひきこもり」、「社会的孤立」などが繰り返し語られていますが、それらのことと今回の事件とは直結させてはいけないと思います。そのような短絡的な発想は社会の不安を煽り、差別と分断へ私たちを向かわせるだけです。

しかし一方で、この事件の背景にあるものについて、私たちが考えなければならないのも事実です。国の推計では、ひきこもり状態の人は一一五万四千人と推計されています（十五～三十九歳推計五四万一千人、四十～六十四歳推計六一万三千人）。それぞれの事件の要因や個別性については裁判を慎重に見守りたいと思いますが、これらの事件、特に「子どもを殺してしまった親の現実」を私たちは、どのように受けとめるべきかを考えなければなりません。

そもそも「ひきこもり一一五万人」という数値は、「引きこもっている本人」を指す推計値です。しかし、「ひきこもり」状態にある人のほとんどが、親もとや家族と暮らしています。そこには、ひきこもる本人と同じく、家族が、しかも本人と同様に孤立する家族が存在します。あの息子さんは「社会的孤立状態」であったと報じられていますが、その父母もまた「孤立していた」と私は考えます。あの両親は、息子のことについて、だれにも相談できなかったのではないか。

元事務次官（ことさらそれを強調する意味は全くありませんが）ならば、国の制度についてある程度知識があったでしょう。また、ひと声かければ周囲には動いてくれる人もいたでしょう。けれども、このお父さんは「助けて」と言えなかったのだと思います。元事務次官という立場（プライド）がそうさせたのかもしれません。しかし、それだけではない。私は、すでに常態化した「自己責任論社会」において、「身内の責任論」もまた常態化していると考えます。多くの家族が「助けて」と言えない孤立の中で、引き受け続けている。事件を伝えるテレビ報道で、加害者である父親の先輩事務次官がインタビューに答えていました。そのコメントに私は衝撃を受けました。「今回の事件で、あの人に息子がいたことを初めて知った。」これはいったいどうしたことでしょうか。

家族を「社会的孤立」に向かわせるものは何でしょうか。それは「迷惑は悪だ」という意識だと思います。自己責任論社会において、それは「道徳」となっています。逮捕されたお父さんは、取り調べにおいて「周囲に迷惑をかけてはいけないと思い、長男を刺した」と語ったといいます。私は、父を子殺しに向かわせた「身内の責任」というものが痛いのです。確かに「他人に迷惑をかけてもよい」とは簡単に言えません。しかし、「他人に迷惑をかけるぐらいなら息子を殺そう」と思わせる社会とはいったい何なのか。

ある専門家の方から、「ひきこもりは日本独自の現象である」と聞いたことがあります。

しかし、海外にも社会参加が困難な人はいるはずです。それで「何が日本独自なんですか」と尋ねると、「家族が引き受け続けていることだ」と答えられました。海外では、多くの場合、一定の年齢に達すると、社会が引き受ける仕組みがあるというのです。

日本では「他人に迷惑をかけるな」という圧力の下、家族がすべてを引き受け続けています。昨今、家族が脆弱化するなかで「限界」が見えてきています。「８０５０問題」が話題となって久しいのですが、「家族で何とかする」は、もはや「限界」です。にもかかわらず日本社会では、「家族幻想」とも言うべき過度な、身内に対する期待が横行しています。すべてを自己責任や身内の責任ですませられるなら、社会も国家も無用です。早急に「家族機能の社会化」に関する議論、つまり「多数の赤の他人が家族のように関わること」を議論すべきです。

「他人に迷惑をかけてはいけない」と息子を殺害した父。その決断・行為を「正しい」と言ってはいけません。「親だから仕方ない」とか、ましてや「責任感のある立派な父」などと言ってはいけないのです。川崎の通り魔事件の際、「他人を殺すぐらいなら、ひとりで死んでくれ」との発言が議論になりましたが、それと同じだと思います。両者に共通するのは「社会が無い」ということです。すべてを「自己責任」で終わらせようとしている。それが「ひとりで死ね」ということであり、「親が責任を取れ」ということです。

孤立する家族は増え続けています。赤の他人である私に何ができるのかを問い続けたいと思います。NPO法人 抱樸が取り組んできたのは、「家族機能」をいかにして「社会化」できるかということでした。抱樸では、地域に「互助会」を創り、赤の他人が見舞い、赤の他人が看取り、赤の他人が葬儀を引き受けます。教会は、もはや「教会員だけ」を対象として葬儀を行うわけにはいかないのです。

責任的に事柄を始めるために「わからない」ことと向き合う

二つの事件後、「ひきこもり問題」は一層大きく取り上げられるようになりました。しかし、「ひきこもり」が「原因（犯人）」であるかのように言ってしまうのは、一種の「思考停止」と言えます。それは、出会いなき言説であり、一種の「期待」であると言えます。なぜ、「期待」なのでしょうか。このようなショッキングな事件が起こると私たちは「不安」になります。「不安」は「理解できない」ことから起こります。そのままでは「不安」でもたないから、何か明確な「原因」を捜したくなります。それが、わかれば「安心」だし「対策」も打てると考えているからです。この間の「ひきこもり」論議は、当事者ではなく周囲（社会）が「安心したい」という「期待」から生じているように私には見えます。

「安心したい」という気持ちはわかります。実は、私自身にも、子どもが不登校でひきこもっていた時期がありました。ずいぶん悩みましたし、親なりに苦しみました。「何が原因か」「原因を取り除けば元気に学校に行くのではないか」と軽薄に考え、焦り、結果、子どもたちを苦しめたと思います。しかし、現実はそう単純ではありません。いや、むしろ、そういう「思考」が子どもを追いつめたと言えます。今は、反省するばかりです。

何をやってもうまくいかない日々が続く中で、ある人のことばが私を支えました。先の文章でも引用しました。ボンヘッファーというドイツ人牧師のことばです。

「特定の苦難が実際に経験されるということは、何かを曖昧にしてごまかすよりもずっと大切だと僕には思われる。ただ、その苦難のある種の間違った解釈には、僕は断固として反対だ。そのわけは、それらが慰めようとしていながら全く見当違いの慰めになっているからだ。だから僕は苦難を解釈しないいままにしておく。そして、それこそ責任的にことを始めるゆえんだと信じる。」

ボンヘッファーはヒトラー暗殺計画に加わり、逮捕され、ドイツ敗戦の一か月前に処刑されました。これは処刑の一年前に獄中で書かれた文章です（一九四四年二月一日。『ボンヘッファー獄中書簡集』二三七頁）。繰り返しますが、人は「わからない」と「不安」になり、「わかること」で「安心」を得るのです。今回の事件においても、この「わかりたい」という「正直な気持ち」が働いて、あれこれと「原因（犯人）捜し」をしているように思います。しかし、それ自体が「責任的に事と向かい合うことを妨げる」ことになる。「解釈しないままにしておく。」皆の不安が高まっている今だからこそ、この指摘は重要なのです。

「ひきこもり問題」の解決として「就労支援の拡充」が、事件後、議論されています。国も今後何らかの対策に乗り出すでしょう。ただ「ひきこもり問題」といいますが、「何が問題なのか」を冷静に考えねばなりません。対策として「就労支援」というと、結局「ひきこもり問題」は、「就労していないことが問題だ」ということになります。はたしてそうでしょうか。「ひきこもり対策」の成果をどう据えるかは、慎重に考えるべきです。

「ひきこもりの解消」も「就職」も、それは目的ではありません。大切なのは、「しんどいのは本人である」ということであり、そんなしんどい状態であるにもかかわらず彼らは生き延びたという事実です。中高年のひきこもりの原因は、退職三六％、人間関係二一％、病気二一％、職場一九％とされています。これらは自殺の要因と重なります。すなわち、彼らはひきこもったとき、自ら死んでいてもおかしくない状況にいたのです。それを生き抜いた。この事実を「すごい！」と認めることが大事だと思います。ひきこもりは、いのちを守る自衛手段だったのでしょう。そして、親や身内が彼らにとって唯一の「安全基地」となったのです。家族に対して「よくやった！」と声をかけることが、まず大事でしょう。

私は、野宿一〇年、二〇年という親父さんたちと出会ってきました。彼らに野宿からの自立を勧めながらも、常にあったのは「あの過酷な状態で、よくぞあなたは生き延びられましたね」という「尊敬の念」でした。流行りのことばで言うと、親父さんたちを「リスペクト」してきたわけです。

「対策」を考えるうえで何よりも大切なのは「目的」です。「その人がその人として生きること」、「その人が幸せに生きること」、それが目的です。このことを議論しないで、「就労支援」はないと思います。「就職」は手段にすぎません。そもそも「手段は目的に常に従属的であるべき」なのです。「手段の目的化」は避けなければなりません。

先日「生きづらさを抱えた人の就労支援」に関する会議に出席していた時のことです。ひきこもり状態にある方々に対するアウトリーチを含む就労支援の活動の報告がなされていました。素晴らしい実践であり、明確な成果をあげておられました。

しかし、厳密にいえば「就労支援ではない」と私は思いました。なぜならば、就労は「手段」にすぎず、支援者たちが目指していたのは「就職」ではなく、「その人のしあわせ」なんだと感じたからです。今後、国が「対策」に乗り出すときに、間違っても成果指標を「就職率」や「増収」のみに特化することは避けてほしいと思います。

会議の最後に発言を求められたので、「数値化できない『しあわせ』のようなものが大事だと思います」という主旨のことを話しました。終了後、ひきこもりの親の会の方が近寄って来て、「あの発言に救われました」と握手をしてこられました。

ここはしんどいのですが、国をはじめ、皆が「責任的に事を始めるために」、もう少し「わからないこと」と向き合わねばならないと思うのです。

おわりに

亡くなった方々を覚えて祈りたいと思います。殺された人。殺した人。すべては、神様から愛された人々です。神様に生かされたかけがえのない「ひとり」です。十戒は「殺してはいけない」と明確に定めました。これは規則や決まりと言うことではありません。それは神様の本音です。「わたしが愛している者を殺すのはやめてくれ。」これが「みこころ」、神の思いです。ですから「殺してはいけない」は、「殺さないでくれ」という神様の叫びなのです。事件の日、神様は絶叫しておられたと思います。

神様は、どうでもいいいのちをお創りになられるほど、お暇でもなし、愚かでもない。すべての人は、神の家族です。それを人間の「身内」に押し込めるのではなく、私たちすべてが「神の身内」である。このことを私たちは心に刻みたいと思います。

教会は、これまで「兄弟姉妹」とお互いを呼んできました。今後、教会は、「教会員」という枠組みを超えて、「すべての人と神の家族となる」ということに本気で挑戦することを問われることになるでしょう。


（二〇一九年六月六日）

戸をたたく――北野孝友さん葬儀説教から

北野孝友さんといえば、身長一六〇センチ、体重一二〇キロ、丸坊主で、黒いサングラスをかけると、もう「ただ者ではない」という風貌だが、グラスをはずすと、何とも愛らしい笑顔の人だった。私たちは、北野さんが大好きだった。

北野さんと最初に出会ったのは二〇〇〇年。そのころの私たちは、「闘争」の日々を過ごしていた。

その年の夏、北九州市はホームレス対策として、ついに炊き出し自体を排除しようとした。私たちは激しく抵抗し、「殺人行政」と書かれたチラシを配りながら、市庁舎へ向かった。歓迎されるはずはない。要望は単純で、「ホームレス支援施設をつくってください」であったが、交渉は進まず、二〇〇一年五月、私たちは独自に「自立支援住宅」を開設させた。二〇〇三年、ようやく市との協働が始まる。二〇〇四年秋には、就労支援のための公設民営施設「ホームレス自立支援センター北九州」が開所された。北野さんと出会ったのは、それらのことが一気に進む直前で、まだ何もないころだった。

やっとのことでアパート入居まで支援した。しかし、それまでの苦労が体に出たのか、北野さんは、病気で何度か入院された。それでも警備会社に就職。その姿がテレビで特集されると、九州各地の企業から支援（雇用）の申し出が届いた。彼の就労自立が就労支援のさきがけとなった。

明るい性格で、いつも周囲を笑わせていた。「また、北野がバカ言ってます」と屈託なく言う北野さんは、みんなに好かれた。他人の面倒見も良く、自立後は、支える側に回られた。夏になると、わが子をはじめ、教会の子どもたちを市営プールに連れて行く。巨漢で力持ちの北野さんは、子どもたちを次から次とプールに投げ込んだ。子どもたちからは、恐れられながらも、「北野のおっちゃん」と慕われていた。大食漢の大酒飲み。聖書に出てくるイエスへの「悪口」が日常のような方だった。ナイターを見ながら一升瓶が一本空く。膝が悪くなり、治療とダイエットのために入院し、太って退院するという逸話の持ち主。実に愛すべき人だった。

そんな北野さんが二〇一九年八月六日、天国へと旅立った。六十八歳。早過ぎる。ここ数年、施設と病院を行き来しておられたが、あれだけ元気だった人が、動けず、話せず、痩せこけていく姿は、見るのがつらかった。訃報を聞き、「残念」という思いと、「やっと楽になったね」という思いが交錯する。でも寂しい。

北野孝友信仰告白

二〇〇二年十月。北野さんは、東八幡キリスト教会でバプテスマを受け、キリスト者となられた。当日読み上げられた「信仰告白」は、今も心に残る。少し長いが、引用する。

信仰告白

まず初めに、今までの私の人生を顧みますと、なんと好き放題、やりたい放題だったことかと思わざるをえません。金は使うし、家のものは持って出て売るし、お袋に小遣いもらうし、サラ金は借りまくるし、使いたい放題でした。

まだ、親父、お袋ともに元気で風呂屋をやっていたころは良かったのですが、風呂屋をやめてからは、金に困ると、今度は、弟に金を無心するようになりました。最初のうちは、弟も金を出してくれていましたが、しまいには取り合ってくれなくなり、電話をかけても、私の声を聞いたら、受話器を取らなくなりました。

その私が覚えているお袋の笑顔は、私が魚屋を始めた時でした。「これで親父においしい魚を食べさせられる」と言って、ニッコリ笑ったあの顔です。毎日毎日お客さんのところへ行く前に家に寄りますと、親父がお袋に手を引かれて車のところまで出て来るのです。親父は、視力障がい者でした。目は見えませんが、それでもお袋と二人で好きな魚を選んで行きます。「親父、魚代」というと、「親子やないか」と言って、金をくれたことは一度もありませんでした。

そのうちにお袋の具合が悪くなり、入院しました。入院から二、三か月ぐらい経ったころ、意識不明になり、大分医大に送られ、十日間苦しみ抜いて死にました。そして、私の日本全国放浪が始まりました。

東京に行ったり大阪に行ったり、ウロウロしました。あげく三年前、一九九九年の十二月三十日に小倉に来ました。その日から駅のアミュー側の通路に段ボールを敷き、寝るようになりました。最初のうちは、毛布もなく、寒くて、丸くなって寝ました。

そして、二か月ぐらいが経ち、いよいよどうしようもなくなり、死のうと思い、紫川に行き、市役所側のベンチに横になっていました。そこに外国人の女の人が私のところに近寄って来られ、私に手を置いて、「いのちを大切に」と言われました。あとでわかったのですが、その人がマッキントッシュ牧師の奥さんだったのです。私はこの一言で救われたのです。

そのときボランティアの炊き出しがあることを教えてもらいました。それから、ボランティアのたびに弁当をもらいに行くようになりました。

二〇〇〇年七月十四日、脳内出血を起こし、入院しました。四か月ほどの入院生活が続き、その後退院しましたが、体の調子が思うようにいかなくなり、二〇〇一年の七月二十三日に、今後は眼底出血で入院となりました。そして、今年の二月九日に退院しました。退院後、仕事に就くことができましたが、七月になると、また倒れるのではないかと心配でなりませんでした。それでも、なんとか仕事をやりながら、暑い時期も過ぎ、今はひと安心です。この入院中に、私は東八幡キリスト教会に出会ったのです。

いま私がこうやって家を借り、仕事がやれるのも、NPOひいては奥田牧師、そして東八幡キリスト教会のおかげです。私の教会との出会いは、ボランティアのたびに話していた人が、今思えば奥田牧師だったことです。最初の二、三回ぐらいは、ひやかしに行ってみようと軽い気持ちで教会に行ったのです。しかし、次第にはまっていきました。今では、日曜日が待ち遠しくなるほど、私の心のよりどころになりました。

日曜日のたびに教会に行くと、「よくいらっしゃいました」と笑顔で迎えてくれます。少しお話をして、席に案内されます。礼拝で奥田先生のお説教を聞きます。お茶を飲みます。ときには食事もよばれました。帰るときは、「またお越しください」と送られます。ホームレスをしていたときは、食べるものも心配でしたが、人と話すことがほとんどないことがしんどかったのです。教会が私と関わってくださったことを感謝していますす。今は、教会と出会えて、本当によかったと思っています。今度バプテスマを受けるにあたり、神の家族とならしていただきたいと思います。ホームレス時代の経験を生かして、人にやさしく何でも話し合えるような教会員になりたいと思います。

思い返すと、紫川で死のうとした日。あの日はとても寒い日でした。ベンチで寝ている私に手を添え、声をかけてくれたあの手のぬくもり。それは、私にとっては、死んだお袋の手のぬくもりとも思えました。いや、今考えると、それは「神の手」であったのでしょう。あの時、あの方と出会わなければ、私は紫川に飛び込んで、自分のいのちを断っていたことでしょう。あの一言がなければ、今の私はいないと思っています。出会いは大切だと思います。

私は飛び込まずにすみました。しかしそれは、あの日、イエス様が私の代わりに紫川に飛び込んで死んでくださったからだと思います。イエスは、私の十字架を負われたのです。おかげで私が生きられたのだと今は思っています。

これからの私は、マッキントッシュ先生を通してイエス様からいただいた第二の「いのち」を大切にして、かつての私のように悩み苦しんでいる人たちの役に立つような人生を送りたいと思います。私を救ってくれた「いのちを大切に」という言葉を、一人でも多くの人たちに伝えようと思います。それが私にとって、キリスト者としての務めであると思います。今日、たった一つ心残りがあるとすれば、もう一度、エリザベス・マッキントッシュ先生にお会いして、お礼が言いたいということです。

今回バプテスマを受ける決心をしたとき、お袋が夢の中でニコニコ笑いながら、「良かった、良かった」と言ってくれました。今日、この教会で信仰告白をしている俺を見守ってくれていると思うお袋に一言言いたいことがあります。

「お袋、もう天国にいて、俺のことを心配するな。こんな俺でも、教会員の皆さんやNPOの仲間に支えられて生きていける。これからは、この俺がだれかの支えになれるような生き方をしたいと思っている。だから、もう心配しないでくれ。そして、天国で今まで忙しかった分、ゆっくりしてくれ。親父といっしょに好きな酒でも飲んでくれ。」できれば、もう一度お袋を、二人きりで行ったあの温泉に連れて行ってやりたい気持ちでいっぱいです。いつか天国で会えると信じています。

教会員のみなさま、こんな私ですが、これからよろしくお願いします。そして最後にみなさま、教会員の方々みなさんと関わることが、本当にうれしいです。私にできることがあれば、何でも言ってください。

よろしくお願いします。

二〇〇二年十月六日

北野孝友

戸をたたく―北野孝友さん葬儀説教から

母親を亡くしたことをきっかけに家を出た。全国を転々とした後、一九九九年十二月、野宿。一般に野宿になる理由は「失業」や「借金」と思われがちだが、「家族との離別」と語る人は少なくない。「離婚した」、「子どもと別れた」、そして「母の死」。そんな過去を野宿の理由と振り返る人が少なくないのだ。問題は、「ハウスレス（経済的困窮）」のみならず、「ホームレス（社会的孤立）」にある。ハウスとホームは違うのだ。人は、ホーム（と呼べる関係）を失い、「ホームレス」になる。単純に「住居」の有無が問題ではないのだ。現在、社会全体がホームレス化しているように思う。路上に社会が追いついたのだ。

「信仰告白」の冒頭は、実に北野さんらしい。「まず初めに、今までの私の人生を顧みますと、なんと好き放題、やりたい放題だったことかと思わざるをえません。金は使うし、家のものは持って出て売るし、お袋に小遣いもらうし、サラ金は借りまくるし、使いたい放題でした。」事実だと思う。正直な人だ。

実家は銭湯。母親の目を盗んでは、番台から金を「わしづかみ」にして逃げた。困ると、実家に立ち寄り、「わしづかみ」。そんなことを繰り返していたある時、家に帰ると、母親がいない。弟に尋ねると、入院したという。慌てて病院に駆けつけた。母親はその後、数日間苦しみながら死んでいった。

北野さんの中で何かが崩れた。母親の死後、実家には戻らなくなった。そして放浪。酔うと、「ホームレスになったきっかけは、母ちゃんが死んだことだ」と北野さんは言った。「やりたい放題」の息子に母親は怒りながら追いかけて来た。それを振り切り、町に消えた。だが、母は「二度と来るな」とは言わなかった。母の死後、実家は弟が担った。弟は「二度と来るな」と北野さんに告げたという。弟さんを責めることができないことは、北野さんが一番わかっていると思うが、それが決定打だった。

北野さんの自立のきっかけは実に奇跡的なものだった。死のうと思い、ベンチに横になっていた北野さんに、見ず知らずの外国人の女性が手を置いて、「いのちを大切に」と言ったという。それが、当時在日大韓小倉教会で牧師をしておられたマッキントッシュさんのお連れ合いのエリザベスさんだった。彼女はNPOのボランティアだった。なぜ、エリザベスさんが北野さんに声をかけたのか。しかも「いのちを大切に」と。まるで北野さんが「死」を覚悟していたことを知っていたかのように。「あの時、あの方と出会わなければ、私はいのちを断っていた。あの一言がなければ、今の私はいない。出会いは大切だと思います」と北野さんは告白する。「一言」、そして「出会い」。それが「ある」と「ない」とでは大違いだ。それこそが人を今一度立ち上がらせる。

救い――戸をたたき続ける

聖書が語る「救い」のイメージは二つあるように思う。第一は、「求めなさい。そうすれば与えられます。探しなさい。そうすれば見出します。たたきなさい。そうすれば開かれます」（マタイの福音書七章七節）に象徴されるものだ。これはイエスのことばとして有名だ。私たちは、イエス・キリストを信頼して常に求め、生きていきたい。

しかし人生には、「求めることもしんどい日」がある。探す気力もなく、たたく力も残っていない日があるのだ。あの日の北野さんは、そんな状態だったと思う。北野さんの心の戸には絶望という鍵がかけられていた。彼の心の戸は凍りつき、もはや自分では開けることはできないかのように思われた。そんな日、私たちはどうしたらよいのか。「求めなければ」「探さなければ」「たたかなければ」と言われたならば、「もういいです」と言ってしまう。北野さんだけではない。それが人であるということの現実なのだ。

だから、聖書はもう一つ別の救いを提示している。ヨハネの黙示録三章のことばは、「求めること」「たたくこと」のできない人に語られている。「見よ、わたしは戸の外に立ってたたいている。だれでも、わたしの声を聞いて戸を開けるなら、わたしはその人のところに入って彼とともに食事をし、彼もわたしとともに食事をする」（二〇節）。閉ざされた戸の前にイエスが立ち、たたき続けておられるというのだ。ここにおいて主客が逆転する。「求める」主体が、「私（人）」から「神」へと変わるのだ。戸をたたき続けるのは、私ではなくイエスご自身である。そして、戸の向こうからイエスは、やさしく声をかけ続ける。「いのちを大切に」と。

すると、凍りついた戸が少しずつ解け始める。やがて絶望の鍵が開く時を迎える。呼びかけられた人は、ついに大事なことを思い出す。「私は生きたかった」ということを。絶望に閉じこもる者は、この大切な事実を一人で思い出すことはできない。戸の前に立ち、あきらめず戸をたたき続ける人が必要なのだ。そのような他者の存在がなくてはならない。

イエスは、戸をたたき続け、あきらめず探しておられる。繰り返すが、求めていたのは、探していたのは、そしてたたいていたのは、イエスご自身であったのだ。あの日、エリザベスさんの姿を借りてイエスは北野さんの戸の前に立たれた。そして、しつこく、しつこくたたき続け、呼びかけられた。このしつこさに、さすがの北野さんも根負けしたのだ。

私たちもたたき続ける人であり続けたい。あきらめてはいけない。五回たたいたから、もう十分だと思ってはいけない。六回目かもしれない。「五十回たたいたのに応えないのは、その人の自己責任だ」とは言わない。五十一回目かもしれないのだ。愛とはしつこさであり、愛とは、やめる勇気のなさであり、愛とは、あきらめが悪いということにほかならない。そうすれば、いつか笑える日は来る。東八幡キリスト教会は、ＮＰＯ法人 抱樸は、求める者、探す者、そして、たたき続ける者でありたいと思う。北野さんは大切なことを教えてくれたのだ。

少し早いお別れになった。つくづく嫌だ。嫌だが、しようがない。今回だけはあきらめる。でも、また会う日を信じている。今ごろ天国でお母さんに、「おまえ、早過ぎるよ」と叱られながら抱きしめられていることだろう。

北野さん、ありがとうございました。またお会いします。

（二〇一九年八月十一日）

あとがき

この最後の原稿を書いていたとき、日本は台風一九号の猛威にさらされていた。死者八十二名、行方不明者十一名（十月二十二日現在）、無数の川が氾濫し、住宅の被害、交通への被害など甚大なものとなっている。苦難の中に置かれている人々を覚えて祈りたい。温暖化に伴う異常気象は、もはや常態化している。大きな被害を前にして「神はどこにおられるのか」との嘆きが聞こえる。しかし、結論は一つだ。「それでも神様はいてもらわねば困る」のだ。私は、あの嵐の中に十字架を負うイエスを見たい。濁流に呑まれて、家族を思いつつ死んだ人々と共にイエスは流され、共に死なれた。私は信じている。「私たちがキリストとともに死んだのなら、キリストとともに生きることにもなる」（ローマ人への手紙六章八節）と。

災害は、それまで隠れていたものを明るみに出す。「災害はすべての人に平等に訪れる」と言う人がいる。確かにそうかもしれない。しかし、現実は違う。災害は、それまで社会が覆い隠していた「格差」をあぶり出す。すでにあった「問題」を踏襲する形で災害は現れるのだ。

台風が関東を直撃していた最中、東京・台東区の避難所が、「住民ではない」との理由でホームレスの受け入れを拒否した。これについて、台東区の災害対策本部では「路上生活者は避難所を利用できないことを決定している」と回答したという。あの日、テレビは「いのちを守る最大限の努力を」と繰り返し呼びかけた。災害救助法では「現在地救助の原則」を定めており、住民票に関係なく現在地の自治体が対応することになっている。「いのち」が何にも優先されなければならない。しかし、現実は違った。

台東区の対応が批判されるのは当然だ。しかし一方で、このような対応がなされる背景に、今日の社会を覆う「空気」のようなものがすでにあったと思う。ヘイトスピーチが公然となされ、数々の分断線が引かれている。二〇一六年七月には相模原市において重い障がいのある人々が十九人殺された。理由は「生きる意味がないいのち」だからだった。「意味のあるいのち」と「意味のないいのち」という分断ラインが引かれたのだ。「LGBTは子どもを作らないから生産性が低い」と雑誌に書いた国会議員がいる。雑誌は廃刊となるが、本人は議員を続けている。なぜか。この議員の差別性は言うまでもないが、この発言を支持する人々が一定いるからだと思う。「歪んだ生産性偏重の圧力」が私たちを分断する。今回の台東区の排除の一件は、役所の問題であるとともに、このような「排除」や「差別」が横行する社会の実相を台風があぶり出したということだと思う。「ホームレスになったのは自己責任。だから助ける必要はない」という社会の「空気」がこの件の背後にある。

経済格差が問題にされて久しい。しかし、先に述べた現状は「いのちの格差」が生じていることを表している。先日、ある高校で講演をした際（その日は相模原事件をテーマにした講演だったのだが）、講演の冒頭「『一人の生命は地球より重い』ってことばがあるでしょう」と語りかけた。会場は静まり返っていた。不安に思い、「このことばを知っている人」と尋ねると、二人だけが手を挙げた。会場には六〇〇人以上の生徒がいたのだが。一九七七年に起こったハイジャック（航空機乗っ取り）事件に対して日本政府は強硬措置を取らず、身代金の支払い、「超法規的措置」による逮捕済みの犯人グループの引き渡しを認めた。その判断の根拠として、当時の内閣総理大臣であった福田赳夫が「一人の生命は地球より重い」と述べたのである。それがあのことばだった。当時、私は十四歳、中学生。「この国は良い国だ」と思えた。

しかし、あれから四十年余りがたち、このことばは継承されることはなかった。それはなぜか。「そんな当然のことは、言わずもがなだ」ということか。あるいは「そんなきれいごとを言っても、現実は『大事にされるいのち』と『そうでもないいのち』があるじゃないか」という現実に子どもたちが気づいてしまったからか。

NPO法人 抱樸は、「あんたもわしも　おんなじいのち」ということばを掲げて活動を続けている。炊き出しのテントには、このことばが大きく書かれている。意味は読んで字のごとくで「至極当然のこと」だ。作家の雨宮処凛さんが台東区の件に触れた文章の中で抱樸について書いてくれた。「なぜ『おんなじいのち』なのだろう？…(中略)…そんなに大きく書くほどのことなのかな。…(中略)…しかし、今回のことを通して痛感した。『おんなじいのち』と、常に声を大にして、テントにも大きく書いておかないと、そんなことすら理解してもらえない。同じ命という扱いを受けられない。それが、この国のホームレスを巡る実態なのだ。」

実は、このことばを掲げるようになった理由は二つある。一つは、不条理な排除社会への抵抗の意志である。排除社会の現実に抗うために「おんなじいのち」を掲げ続ける必要があった。

もう一つは「自戒」の念である。一九九七年から九八年にかけてホームレスが急増した。自殺者が三万人を突破した時期に重なるが、アジア通貨危機の中、山一証券など企業倒産が相次いだ時期。それまで炊き出しは、すべて巡回型で行っていた。一晩に数十キロ移動しながら路上で暮らす一人ひとりを訪ね回った。そして、その場に座り込んで話し込み、ときにはいっしょに食べた。当時は週休二日の時代ではなく、炊き出しは土曜日の夜。救急搬送などがあると、明け方まで活動は続く。牧師である私（翌日が礼拝）にとって、それは大変な日々だったが、大切な日々だった。

一九九六年、増加しつつあったホームレスの現状に対応するため、炊き出しのスタート地点を公園にし、当事者にまず集まってもらうことにした。そして、その場に来られない人のところには、今までどおり巡回する形にした。「拠点炊き出し」のスタートである。当事者とともにテントを立て、準備が整うと、机を配置した。テントの中にボランティア、外側におじさんたちが並ぶ。私はメガホン片手に「はい、ちゃんと並んで!」と呼びかけていた。

するといた。列の中から声が上がった。「奥田さん、ついこないだまで弁当をいっしょに食べてたやないか。なのに今日は俺たちに『並べ』と命令する。あんたいつからそんなに偉くなったんか。『あんたもわしも　おんなじいのち』やないのか」と。恥ずかしかった。私たちの中に、すでに分断ラインは引かれていたのだ。「支援する側」と「支援される側」。「偉そうにしている側」と「情けなく並ばされる側」。私たちは、「あの日の恥ずかしさ」を忘れまいとテントにあのことばを掲げるようになった。あのことばは常に私たちを問い続けている。台東区の対応が問題であるのは言うまでもない。しかし、その背後に、私も含めた分断の現実があり続けているのではないか。その現実に向き合わないかぎり、「抗議申し入れ」だけをしても何も変わらない。

「おんなじいのち」——私たちは、この普遍的価値に立って、これからも活動を続ける。普遍的価値をないがしろにするものとは断固闘う。しかし、それは「あの日、恥ずかしかった自分」との闘いでもあるのだ。そのことを心に刻みたい。

今回の本のタイトルは『いつか笑える日が来る――我、汝らを孤児とはせず』とした。副題は、ヨハネの福音書一四章にあるイエスのことばである。先に触れた「分断」と「差別」、そして「排除」が横行する現在の社会において、このことばは「福音」である。そして「福音」は、それを信じる者にとって「倫理」となる。私たちは、このことばを受肉できるかを問われている。そして、この拙著が、そんな当たり前のことを考える一助となればと思う。

今回も「序文」を恩師である関田寛雄先生が書いてくださった。八年前に出版した『もう、ひとりにさせない――わが父の家にすみか多し』の際も、先生は「熱い」文章を寄せてくださった。関田先生は、私にとって目指すべき恩師であり、私自身の牧会者である。「序文」の内容は、正直言って「恐縮至極」。私はそんな人ではないが、これは恩師からの「励まし」と感謝したい。

帯には、作家の田口ランディさんがことばを寄せてくださった。数年前に出会い、時々に励ましをいただいている。東八幡キリスト教会で「ひきこもり」について講演していただいた際に、「必要なのは支援ではありません。友達です」とおっしゃっていた。本当にそうだと思う。ランディさんの推薦のことばもまた「恐縮至極」。心から感謝したい。

この本に書いたことはすべて事実である。しかし、隠された事実もある。当然だが、すべての活動、行動は、決して単独行動ではなかったということだ。そこには、常に東八幡キリスト教会の人々がいてくれた。彼らの祈りは常に、牧師としての行動を支えてくれた。さらに、NPO法人 抱樸の仲間たちがいた。現場で汗と涙を流し続けるスタッフやボランティア、そして親父さんたちが「理事長」と声をかけてくれた。昨今は、国の会議だ、講演だと、留守にすることが多くなった。しかし、活動が相変わらず、いや、これまで以上に充実しているのは、教会と抱樸の家族のおかげだ。

そして、大変な家で生まれ育った愛基、光有、時生。彼らの協力、ストレス、成長に感謝する。なによりも、私の活動を支えた最大の伴走者は、言うまでもないが、妻の伴子である。恥ずかしいので一回だけ書く。「伴子、ありがとう。」

最後に、今回の出版計画は五年前にさかのぼる。一向に仕上がらない原稿、破られる約束。「この夏には絶対に仕上げます」と調子の良いことを言い、その後、編集者からの電話には出ない。これほど失礼な人はいない。自分でもあきれる。その編集者がいのちのことば社の長沢俊夫さんである。この方の粘り強い支えと寛容がなければ、この本は陽の目を見ていない。謝罪とともに心からの感謝を申し上げたい。

時代の闇は一層深まりつつある。しかし、光は闇の中に輝く。しっかりと闇を見据え、光を見いだしたいと思う。大丈夫だ。笑える日は必ず来る。

二〇一九年十月二十五日

在主
奥田知志

＊　＊　＊

追伸

ひと月前、抱樸にたどり着き、現在、生と死の狭間でもがき続けているかんなさんにこの本を贈る。君の先輩たちがそうであったように、かんな！　生きろ！　生きていれば、いつか笑える日が来る。　アーメン。

＊聖書 新改訳 2017 ©2017 新日本聖書刊行会

いつか笑える日が来る
──我、汝らを孤児とはせず

2019年12月25日 発行
2022年 4 月25日 3 刷

著　者　奥田 知志

印刷製本　日本ハイコム株式会社

発　行　いのちのことば社
〒164-0001 東京都中野区中野2-1-5
電話 03-5341-6922（編集）
03-5341-6920（営業）
FAX03-5341-6921
e-mail:support@wlpm.or.jp
http://www.wlpm.or.jp/

ISBN 978-4-264-04090-3